別冊解答もくじ

入門編 読解の方法 1 登場人物をつかむ

問題⇩本冊12ページ

やってみよう！ 解答

今は昔、身いとわろくて過ごす[女]ありけり。時々来る[男]来たりけるに、雨に降り込められてゐたるに、「いかにして物を食はせん」と思ひ嘆けど、すべき方もなし。日も暮れ方になりぬ。いとほしくいみじくて、「[我]（＝私＝女）がたのみ奉りたる観音、助け給へ」と思ふほどに、[我]（＝自分＝女）が[親]のありし世に使はれし[女従者]、いと清げなる食ひ物を持て来たり。うれしくて、喜びに取らすべき物のなかりければ、小さやかなる紅き小袴を持ちたりけるを取らせてけり。[我]（＝自分＝女）も食ひ、[人]（＝男）にもよくよく食はせて、寝にけり。（『古本説話集』）

ワンポイント

「我」は「私（一人称）」の他に「自分・その人自身」「あなた・おまえ（二人称）」の意味もある。「自分」の意の時は、文脈を見て誰を指すか確認する。

入門編 読解の方法 2 助詞を補う

問題⇩本冊13ページ

やってみよう！ 解答

このことを帝（主語）□聞こし召して、竹取が家に御使ひ（目的語）□つかはす。御使ひに竹取（主語）□出で会ひて、泣くこと（主語）□限りなし。（『竹取物語』）

（が）を補う　（を）を補う　（が）を補う　（は）を補う

ワンポイント

「は」は主語を表すのではなく、強調などの意を添えるので、例えば、この文の「帝（みかど）が」を「帝は」とすることもできる。

入門編 読解の方法 3 体言を補う

問題⇩本冊14ページ

やってみよう！ 解答

人は、おのれをつづまやかにし、奢りを退けて、財を持たず、世をむさぼらざらん□ぞ、いみじかるべき。昔より、賢き人の富める□は稀なり。

（むさぼらざらん□：仮定・婉曲「む(ん)」連体 →（こと／さま 等）を補う）

（富める□：存続「り」連体 →（こと 等）を補う）

（『徒然草』）

入門編 読解の方法 4 カッコを付ける

問題⇩本冊15ページ

やってみよう！ 解答

この人々、ある時は竹取を呼び出でて、「むすめを我にたべ」と伏し拝み、手をすりのたまへど、「おのがなさぬ子なれば、心にも従はずなんある」といひて月日過ぐす。

（『竹取物語』）

ワンポイント

文脈は、「呼び出でて」→「伏し拝み」、「のたまへど」→「いひて」とつながっており、その間に会話文がはさまれている。

入門編　読解の方法 5　主語を補う

問題⇩本冊19ページ

やってみよう！　解答

1　心もなき者　　2　四条大納言

ワンポイント

「四条大納言、」は「、」が打たれていることから、主語の可能性が高く、「させ給ひ」という尊敬語が使われている。「心もなき者、」も同様に主語の可能性が高く、尊敬語は使われていない。1の末尾は連体形「たる」で、あとに「こと・さまの」が補える（準体法）。敬語と準体法から、主語がわかる。

入門編　読解の方法 6　指示内容を確認する

問題⇩本冊21ページ

やってみよう！　解答

かぐや姫

ワンポイント

「常に仕うまつる人」は帝（みかど）の身の回りの世話をし、寵愛（ちょうあい）を受けることもある女性である。そのうちの、他の人より美しいと思っていた人も、かぐや姫（＝かれ）と比べたら全然だめだと思ったという場面である。

入門編 読解の方法 7 文章の展開をつかむ

問題⇩本冊22ページ

やってみよう！

解答 神は受けてはくれないだろう／神は受けてくれるだろうか、いや、受けてはくれまい

ワンポイント

「とも」は逆接仮定で「たとえ～ても」の意なので、あとには前の「祈る」から予想されることとは逆の事柄が書かれる。これが手がかりになって「やは」が反語の用法であることが確認できる。

入門編 読解の方法 8 古文常識に注意する

問題⇩本冊24ページ

やってみよう！

解答 男

ワンポイント

傍線部は「行くことができないで」と訳せる。通っていくのは男である。いわゆる「通い婚」では、男の愛情は通うことによってのみ示される。男女の仲になって間がないのに、事情があるとはいえ女の所へ行けないことを、男が気の毒に思っている場面だと理解するのが正しい。

基礎演習編 1 女院の桜（『沙石集』）

問題⇩本冊28ページ

解答

問一　A エ　B ア　C ウ　D ウ
問二　イ
問三　ア
問四　イ
問五　ア✕　イ✕　ウ✕　エ✕　オ○

要旨　上東門院が興福寺の八重桜を自分のもとに移植させようとしたが、大衆の一人が有名な桜の献上に反対して騒ぎ立てた。聞きつけた女院は、大衆の思わぬ風流心に感銘を受け、「我が桜」と名付けて守らせるにとどめた。

文学史　『沙石集』鎌倉時代の仏教説話集。無住編。一二八三年成立。仏教に関わる説話ばかりでなく、民間に伝わった話や笑話なども収録され、中世の庶民の生活や心情もうかがうことができる。

問一　A「左右なし」は「右がよいか左がよいか、とあれこれ迷うことがない」というところから、「❶あれこれと考えるまでもない・ためらわない」意を表す。「右か左かの決め手がない」というところから「❷どちらとも決まらない・決着がつかない」の意もある。**エ**と**オ**がこれに当たるが、本文では「左右なく」という連用形で、桜を献上すること（参らせ）を修飾しているので、**エ**がよい。

B「色」は様々な事物の色彩を表す多義語だが、選択肢の中では**ア**以外にはこの語の意味として認め得るものはない。「風情・情趣」などと訳してもよい。「色」という語はもともと様々な「色彩」を表し、身分を表す「色」、喪服の「色」、顔の「色」（＝表情）、心の「色」（＝恋愛）などの意で用いられる。人は自然や世の中の様々な出来事に繊細に感応して心を動かす。このような、人の心に付いた微妙で美しい「色」のことを言い表す時、「風情・趣」と訳す。本文では、別当の名木献上を「色」がないと怒っている。

C「いかでか」は副詞「いかで」に係助詞「か」が付いたもので「どうして」と訳して、**疑問**や**反語**を表す。**願望**（＝どうにかして）の意もある。「参らす」は「**与ふ」の謙譲語**で「差し上げる」と訳す。本文で大衆は名木献上に反対しているので、反語の用法である。わかりやすい直訳は「どうして差し上げることができるだろうか、いや、差し上げることなどできない」で、正解は**ウ**である。

敬語動詞「参らす」を「参る」と混同しないようにしよう。**エ**は「参る」の訳である。（係助詞「か」があるので、文末は終止形「べし」でなく、連体形「べき」が正しいが、係り結びが乱れている。）

D「ののしる」は「**大声で騒ぐ・大騒ぎする**」意。古今異義語で、現代語では「非難する・罵倒する」意だが、古語ではそれに限定せず様々な大騒ぎを表現する。文脈により「大声を立てて騒ぐ・噂して騒ぐ・権勢をふるう」などと訳す。語の意味からも、文脈からも正解は**ウ**である。

問二 助動詞「べし」は多くの意味を表すが、辞書や文法書によって、整理の仕方が異なっている。しかも、文中に現れる「べし」の多くは、一つの意味に確定するのが難しい。そこで、次に示す分類を一つの「型」として理解し、普段古文を読む時には「おそらく、この意味か、この意味あたりだろう」というくらいに、柔軟に対応するとよい。「べし」が設問になっている時には、自分の「型」をもとに、「べし」の部分を読解し、選択肢から正解をさがすようにするとよい。

文法 助動詞「べし」の意味

①推量（〜だろう・〜にちがいない）

②意志（〜よう・〜つもりだ）

「べし」の推量や意志は「む」の推量や意志よりも強い感じを持っているが、強く訳そうとしなくてよい。（⇩**文法 助動詞「む（ん）」の意味** 別冊10ページ）

③可能（〜できる・〜できそうだ）

④当然〈・義務〉（〜べきだ・〜ねばならない）

「当然」に「〜はずだ」という訳語を当てる考えもあるが、「推量」と区別しにくくなるので、「当然」は「義務」に近い意味に絞るとよい。

⑤命令（〜せよ）

⑥適当（〜のがよい）

「命令」は、身分や立場の上下をもとに強く命じる感じを表す。「適当」は、可能性はいくつかあるがこれがよい、という感じである。

二重傍線部は、大衆の一人が、女院の命令に背いたことで重罰が科せられるなら、「我が身（＝「私」の意の代名詞）」が張本人として出ていこう、と言っている場面。**主語が一人称の「べし」は「意志」**の用法が基本である。「出ていこう・出ていくつもりだ」という訳もぴったりする。正解は**イ**である。

問三「説明」の設問も傍線部を訳して考えていくのがよい。

傍線部には二つの重要語がある。一つは**「心なし」**で、どんな「心」を表しているかを文脈からつかんで、**「❶思いやりがない・❷思慮がない・❸風流心がない」**などと訳す。本文では桜の花が話題なので❸の意である。

もう一つは**「わりなし」**で、これは「ことわり（＝道理）」がない、というのが語源で**「❶道理に合わない・めちゃくちゃだ」**、そこから、強める意味の**「❷とても・たいそう」**、さらには**「❸とてもよい・すばらしい」**、**「❹とても悪い・ひどい」**などの意味を表す。文脈をよく見て訳さなければならない多義語で難しいが、本文では桜をめぐる出来事に関して、女院が大衆の心を表現して使っているので、❸の意味である。

「色」は**問一B**で見た通りである。傍線部は「奈良の法師は情趣を解さない者と思っていたところ、すばらしい大衆の心だなあ。ほんとうに風流心に富んでいる」と訳すことができる。これをもとに考えると正解は**ア**である。

選択肢を分割して検討することもできる。ここでは、「心なし」が重要語なので、まずそれに当たるかどうか見ると、**ウ**の「悟り澄ました」、**オ**の「何事にも動じない」は合わない。「わりなし」は多義語でわかりにくいので、次に「色深し」を見る。**イ**の「計算高い行動を取ったことへの割り切れない」、**エ**の「割に合わない行動を取ったことをおもしろがる」は合致しない。**ア**のみが傍線部と矛盾する箇所がない。

問四「**かかる**」は指示副詞「かく」がもとで「**このような**」の意である。「**やさし**」は古今異義語で「**優雅だ・優美だ**」の意が重要である。「優しい」とは訳さない。

ここで「優雅だ」とはどういうことか、考えておきたい。これは、心が柔らかく働くさまで、古文では「和歌が詠める・管弦を奏でることができる・風流を理解する心がある」といった美をいう。俗世の損得勘定などの対極にある価値である。本文で、「このような優雅なこと」とは何かを考えていく。

アは、上東門院の命令を名木ゆえに拒むのだから「優雅」である。**ウ**は、桜ゆえに罰せられてもいいというのだから「優雅」である。**エ・オ**は、桜の献上を強いることもできる力を持つ上東門院が、そうはしないで大衆の桜への思いに理解を示しているのだから、「優雅」である。「宿直」は宮中などに夜泊まって勤務することだが、女院の桜、ということで、花盛りの桜を散らさないようにする番人をこういった。**イ**の「殴打された」は本文にはないことである。また「殴打され」て「追放」は「優雅」なこととは言えない。これが「適当でないもの」である。（本文5行目に「うちとどめ」とあるが、これは桜の献上をとめる意で、「殴打」の意ではない。この「うち」は語の頭に付く接頭語で、あまり強い意味はないので、無理に訳さなくてよい。もとは動詞「打ち」だが、打ち叩く意味を失ったものは接頭語だと考えればよい。「うち出づ・うち興ず・うち捨つ・うち続く」などと、頻繁に使われる。）

問五 本文の読解をもとに、選択肢の中の誤っている部分に傍線を付けよう。

上東門院は大衆の振る舞いに心を動かされて、桜を献上させることを諦めた。**オ**は上東門院が荘園を寄進したとある本文と合致している。

ア いま東円堂にある八重桜は、上東門院に献上した八重桜の後に植えられたものである。（× 八重桜は献上されなかったので誤り）

イ 大衆を扇動して桜の運搬を妨げた大衆の一人は、事件の張本人として罰せられた。（× 大衆は罰せられていないので誤り）

ウ 上東門院は、宮中に植えられて咲き誇る八重桜を「我が桜」と名付けて愛した。（× 桜は移植されなかったので誤り）

エ 八重桜の花盛りに宿直を置いたのは、大衆が我が物顔で振る舞わないようにするためである。（× 宿直は咲いた桜を散らさないためのものなので誤り）

オ この八重桜の献上をめぐる一件によって、伊賀国与野庄は興福寺の寺領となった。⇩〇

コラム

古文読解のための背景知識①

上東門院彰子は藤原道長の娘で、一条天皇の后となり、二人の天皇の母でもある。興福寺は藤原氏の氏寺で、広大な寺領を持つ大寺院である。別当は、権勢並びない女院の求めに応じて、桜を献上しようとしたが、大衆の一人が名木を易々と差し出すことに反対して、騒ぎ立てた。大衆は注には「僧侶たち」とあるが、貴族出身でもなく、仏教を学問的に究めようとする学僧でもない「一般僧」のことで、のちには僧兵を指すようになる言葉である。女院は、風流心などと無縁だと思っていた大衆の意外な心ざまに感銘を受けたのである。そこで、桜を移植することは諦めて、代わりに「我が桜」と名付け、花盛りに木を守らせるべく、その用をまかなう荘園を寄進する、というしゃれた計らいをした。花はどこにあっても美しく咲き、本来誰の所有物でもない。女院と大衆の、花に寄せる思いがみごとな形で実を結んだという話である。

現代語訳・文法要点 ① 女院の桜（『沙石集』）

問題⇨本冊28ページ

奈良の都に八重桜と聞こゆるは、当時も東円堂の前にあり。そのかみ、時の后、上東門院、興福寺の別当に仰せて、

1 奈良の都で八重桜といって評判なものは、今も東円堂の前にある。その昔、当時の后、上東門院が、興福寺の別当に命じなさって、

かの桜を召されければ、掘りて車に載せて参らせける。

その桜を取り寄せなさったので、2 掘って車に載せて差し上げ（ようとし）た。

ある大衆のなかに見合ひて、事の子細を問へば、「しかじか」と答へけるを、「名を得たる桜を、左右なく参らせらるる別当、返す返す不当なり。僻事なり。かつは色もなし。后の仰せなればとて、これほどの名木をいかでか参らすべし。とどめよ」とて、やがて貝を吹き、大衆を催してうちとどめ、「別当をも払ふべし」などまでののしりて、「この事によりて、いかなる重科にも行はれば、我が身張本に出づべし」とぞいひける。

3 そこにいる大衆の中で一人が（これに）行き会って、事の事情を尋ねると、「それそれだ」と答えたので、「評判を得ている桜を、ためらわずに差し上げなさる別当は、返す返すもけしからんことだ。間違ったことである。なおかつ風情もない。后のご命令であるからといって、これほどの名木をどうして差し上げられようか。とどめろ」といって、すぐにほら貝を吹き、大衆を招集して（桜の献上を）制止し、「別当をも追放すべきである」などとまで大騒ぎして、「このことによって、どのような重罪にでも処されるならば、私が張本人として出るつもりだ」と言った。

この事、女院聞こしめし給ひて、「奈良法師は心なき者と思ひたれば、わりなき大衆の心かな。まことに色深し」とて、「さらば、我が桜と名づけん」とて、伊賀国与野といふ庄を寄せて、花の盛り七日、宿直を置きてこれを守らせる。今にかの庄、寺領たり。昔もかかるやさしき事ありけるにこそ。

4 このことを、女院がお聞きになって、「奈良の法師は情趣を解さない者と思っていたところ、すばらしい大衆の心だなあ。ほんとうに風流心に富んでいる」といって、5「それでは、（手元に取り寄せず、寺にあるままで）私の桜と名付けよう」といって、伊賀国与野という荘園を（興福寺に）寄進して、花の盛りの七日は、宿直（＝夜間泊まって勤める者）を置いてこれを守らせる。今でもあの荘園は、寺領である。昔もこのような優雅なことがあったのだ。

＊中世の語法。

◉表示のある活用形
・接続助詞「ば」の接続する未然形・已然形。
・係助詞の結びの連体形・已然形、疑問の副詞と呼応する連体形。
・下に体言を補って解釈するとよい連体形。（体と表示。）

あらすじを確認しよう！ 解答

1 上東門院が興福寺の ①八重桜 を献上するよう命じた。
2 寺の ②別当 は掘り取って献上しようとした。
3 ③大衆 の一人が事情を知って、身を挺して反対した。
4 女院は、大衆の心の ④色 が深いのに感心した。
5 桜は ⑤我が桜 と名付けるにとどめ、荘園を寄進して、花盛りには守らせた。

辞書を引こう！ 解答

- 左右なし（ためらわない・無造作だ）
- 僻事（間違い・過ち）
- ののしる（大騒ぎする）
- 心なし（風流心がない）
- やさし（優雅だ・風流だ）

基礎演習編 2 亀を助ける（『宇治拾遺物語』）

問題⇩本冊32ページ

解答

問一　インド
問二　a エ　b イ　c イ
問三　2 (例) 何に使うのか／何のためか
　　　3 (例) 非常に高い値段／たいへん高い値段
　　　4 (例) むりやりに／いちずに
問四　(1) 腹立ち／給は／んず／らん
　　　(2) イ
問五　ウ
問六　A 銭　B 子　C 親　D 亀

要旨　天竺（てんじく）の人が宝を買おうと銭を子に持たせて隣国にやった。子は途中で、殺される亀を買い取って逃がし、銭を使ってしまった。亀を売った人は舟が沈んで死んだ。親が怒るだろうと覚悟して子が帰宅すると、黒衣の人が持ってきたという濡れた銭があった。なんと亀が川に落ちた銭を拾って、親のもとに届けたのだった。

文学史　『宇治拾遺物語（うじしゅういものがたり）』鎌倉時代の説話集。編者未詳。天皇、貴族から僧侶、武士、盗賊に至る様々な階層の人々の、様々な話を載せている。

問一　古代日本人にとっての世界は、日本と、仏教発祥の国インド、近くにあって強い影響関係にあった中国と朝鮮半島の国々から成り立っていた。その他の地域についてはほとんど知識がなかった。（古語の「世界」は「そのあたり・世間」といった意味しかない。）**「天竺（てんじく）」**が**インド**、**「唐土（もろこし）」**が**中国**、**「唐（から）」**は**中国・朝鮮**をざっくりいった。（中国の王朝の交代などについても多くの知識はなく、「唐土・唐（とう）」は唐の王朝を指すのではない。）

問二　波線部「ん」は「む」と表記することもある助動詞である。

文法　助動詞「む（ん）」の意味

①**推量**（〜だろう）
未知、未来のことを推量する。→**三人称**主語の動作などに付きやすい。

②**意志**（〜よう・〜たい）
意志や希望を表す。→**一人称**主語の動作などに付きやすい。

③**適当・勧誘**（〜のがよい・〜しないか・〜てください）
勧めたり誘ったりする。→**二人称**主語の動作などに付きやすい。

④**仮定・婉曲（えんきょく）**（〜としたら・〜ような）
事態を仮定したり、断定的な言い方を避けて柔らかく表現したりする。

→①〜③は、文末で用いるのが基本だが、④は**文中で連体形**で用いられる。（直下に体言が来るが、省略されることもある。）

aは文中で連体形なので、仮定・婉曲である。（仮定・婉曲の「む」は形から見分ける。自然な現代語に訳すのが難しい場合も多く、入試の設問でも訳は問わないことが多い。）bは文末なので、仮定・婉曲以外の意味で、「その亀を買おう」「その亀を買いたい」と訳せること、「私が」という一人称の主語を補うことができることから、意志である。cは直後が引用の「と」なので、実質的には文末である（⇩**入門編**④本冊15ページ）。「銭は亀にかへつるよし語らん」が思ったことの内容である。「銭は亀に換えてしまったことを語ろう」という訳からも、一人称の主語を補えることからも、意志である。

助動詞「む」は、発音の変化に伴って「ん」と書かれるようになる。現代語の「ん」には打消を表すものがある（例「居りません」「そんなことは知らん」）が、**古文の助動詞「ん」は打消の意味を持たない**ので、注意しよう。

問三 2「料」は「材料・原料」の意がもとで、材料は何かをするために使うものだから、「ため」の意にもなった。本文は亀の用途を尋ねているので、「何のためか」が直訳で、「何に使うのか」などと訳してもよい。

3「いみじ」はもとはあとに来る言葉を強めて「とても・たいへん・非常に」と訳す語である。ただし、**強める言葉が省略されて、あとにない時には、補って訳す必要がある。文脈から＋（プラス）の意味か、－（マイナス）の意味かを考え、できるだけ具体的な言葉で訳す**必要がある。

> **いみじ** ❶《強めの言葉として》とても。たいへん。非常に。
> ❷《＋（プラス）の意味》すばらしい、立派だ、優れている、等。
> ❸《－（マイナス）の意味》ひどい、つらい、とんでもない、等。

ここでは直後は「価（あたひ）」なので❶では訳せない。そこで文脈を見ると、直前に理由・原因を表す「ば」があるので、あとにはその結果が述べられると予想できる（⇩**文法ガイド**⑥本冊51ページ）。「いみじき大切のことありて、設（まう）けたる亀」だから「いみじき価なりとも、売るまじき」というのである。「いみじき価」は「高い値段」の意だとわかる。

文の構造

この舟の人 いはく（言うことには）、「いみじき大切のことありて（❶の意）（原因・理由↓）、設けたる亀なれ（断定・已然） ば（順接確定 ので）、（↓結果）

いみじき価なり（❷＋の意味）とも（逆接仮定 でも）、売るまじき」 よし（引用の「と」に準じる語）を言へば、

4「あながちなり」は「むりやりだ・いちずだ」の意。本文では「手を搯（す）りて」頼み込むさまを修飾し強めている。

問四 (1)「腹立つ」は現代語で「腹を立てる」などの言い方もあるように、もとは名詞「腹」と動詞「立つ」だが、ここでは「怒る」の意味で、一語の動詞として捉えた方が自然である。「給（たま）は」は動詞「腹立ち」のあとに付いているので、尊敬の補助動詞である。

注意したいのは次の部分で、「ず」を打消の助動詞と考えて「ん」と「ず」を分けてはならない。**「むず（んず）」**は「むとす」が一語化した助動詞で、**意味は「む（ん）」とほとんど同じ**である。（打消の「ず」は未然形接続だが、未然形が「む」で終わる語はないので、「むず」の形の「ず」が打消であることはない。）また、「むずらむ（んずらん）」は助動詞「むず」に助動詞「らむ」が付いたもので、この形でよく使われる連語である。一般的に「むず」は推量、「らむ」は現在推量の意とされるが、**「むずらむ」**で**「～だろう」**と訳せばよい。「腹立ち／給は／んず／らん」と分けるのが正しい。

(2)「腹立ち」が動詞なので、「給は」は尊敬の補助動詞である。敬語は、種類に注意しながら必ず訳す。

ア 腹はお立てになる（○尊敬） まい（×打消推量の訳なので誤り）

イ 腹をお立てになる（○尊敬） だろう（○推量） ⇩○

ウ 腹立ちなさる（○尊敬） まい（×打消推量の訳なので誤り）

エ 腹を立てるでしょ（×丁寧の訳なので誤り） う（○推量）

オ 腹は立てない（×打消の訳なので誤り） でしょ（×丁寧の訳なので誤り） う（○推量）

この問いは助動詞「むず（んず）」や、助動詞連語「むずらむ（んずらん）」を知っていればすぐに解けるのだが、活用と接続について確認して、理解を

深めてみよう。**活用形は下から決まる**のが原則である。例えば、終止形接続の語の直前は終止形になる。**活用形と接続に不整合が生じないように品詞分解する**ことを心がければよい。

文の構造

腹立ち（タ行四段・連用）／給は（ハ行四段・未然）／んず（「んず」終止）／らん（「らん」連体（上の疑問の副詞「いかに」を受け連体形））

動詞（用言）→ 腹立ち　未然形接続 → 給は　終止形接続 → んず

問五 「さる」は指示副詞「さ」にラ変の「あり」が付いてできた語で、「**そんな・そのような**」と訳し、多くの場合は前に出たことを指す。ここは親から「どうして銭を返してよこしたのか」と問われて子が答えているので、「さることなし」は「そんなことはない」と訳し、「そんなこと」の内容は「銭を返したこと」である。この解釈であとに続く説明とも矛盾がない。正解は**ウ**である。

問六 通常、銭は濡(ぬ)れていることはない。それなのにそのように書かれているわけが問われている。すぐあとを見ると、「**はや**」がある。「はや」は「**はやく**」とほぼ同じ意味で、「早く」「早くも」という意味もあるが、**あとに詠嘆の助動詞「けり」を伴って、「実は（〜だったのだ）」「なんと（〜だったのだ）」の意**を表す。感慨を込めて何かに気付いたことを述べる表現である。この語から、最後の一文が、筆者による、銭が戻ったことの種明かしだとわかる。川に落ちた銭は、そのまま失われてしまうところを、亀が拾って、子が親の所に帰る前に届けた、というのである。水中から拾ったので、まだ濡れているという話である。

コラム　古文読解のための背景知識②

少しわかりにくい説話である。まず、子がなぜ大金をはたいて亀を買ったのか、書かれていない。「殺す」と聞いて無理に買い取っているので、亀を憐(あわ)れんだと読める。次に、舟が沈んで川に落ちた銭を亀が持ってきたが、舟が沈まなかったらどうなったのか。これは『今昔物語集』の類話では「すずろに（＝不意に・思いがけないことに）…舟打ち返して」となっており、転覆が偶然ではなく、不可思議な力によるとも読める。さらに『今昔』では、亀は五匹、銭を持ってきた人も五人で、持ってきた人が実は亀だとほのめかしている。亀が恩返しをする話は『日本霊異記』にもある。そこでは亀を買って逃がした僧が、のちに亀に命を救われる。人が亀を憐れみ、亀が恩に報いて、亀も人も隔てがない世界である。

中国で生まれ、鎌倉時代頃日本で流行した仏語(ぶつご)に「草木国土悉皆成仏(そうもくこくどしっかいじょうぶつ)」というのがある。草木や国土のような心のないものも、すべて仏になることができるという意味で、人間だけを特別扱いしない思想である。亀の話はここにも通じる。亀と人は生物としては違うが、同じ生を持つものだと考えて生きるのがよいというのだ。

人間の力だけが極大化して行き詰まりかけている現代を再考するきっかけも、古文にはある。

現代語訳・文法要点② 亀を助ける（『宇治拾遺物語』）

問題⇩本冊32ページ

昔、[天竺の人]、宝を買は**ん**（仮定・婉曲）ために、銭五十貫を[子]に持た**せ**（使役）てやる。

1 昔、天竺の人が、宝を買うために、銭五十貫を子に持たせてやる。

大きなる川の端を行くに、[舟に乗りたる人]あ

2 （その子が）大きな川のほとりを行くと、舟に乗っている人がいる。

●表示のある活用形
- 接続助詞「ば」の接続する未然形・已然形。
- 係助詞の結びの連体形・已然形、疑問の副詞と呼応する連体形。
- 下に体言を補って解釈するとよい連体形。（体と表示。）

り。舟の方を見やれば、舟より、亀、首をさし出だしたり。銭持ちたる人、立ち止まりて、この亀をば、「何の料ぞ」と
舟の方を見やると、舟から、亀が、首を出している。銭を持っている人が、立ち止まって、この亀を、「何のためのものか」

問へば、「殺して物にせんずる」と言ふ。「その亀買はん」と言へば、この舟の人いはく、いみじき大切のことあ
と尋ねると、「殺してものにするつもりだ」と言う。（その子が）「その亀を買いたい」と言うと、この舟の人が言うことには、非常に大切なことがあって、

りて、設けたる亀なれば、いみじき価なりとも、売るまじきよしを言へば、なほあながちに手を摺りて、この
用意した亀なので、非常に高い値段であっても、売るつもりはない旨を言うので、（その子は）なおもむりやり手をすって（頼み）、この五

五十貫の銭にて、亀を買ひ取りて放ちつ。
十貫の銭で、亀を買い取って放した。

3 心に思ふやう、親の、宝買ひに隣の国へやりつる銭を、亀にかへてやみぬれば、親、いかに腹立ち給はんず
（その子が）心に思うことには、親が、宝を買うために隣の国へ（持たせて）やった銭を、亀に換えて終わってしまったので、親は、どんなに腹をお立てになるだろう、

らん、さりとてまた、親のもとへ行かであるべきにあらねば、親のもとへ帰り行くに、道に人あひて言ふやう、
そうかといってまた、親のもとに行かないでいるわけにもいかないので、親のもとへ帰って行くと、**4** 途中で人が会って言うことには、

「ここに亀売りつる人は、この下の渡りにて、舟うち返して死にぬ」となん語るを聞きて、親の家に
（ここ＝天竺の人の子　亀売りつる人＝舟に乗りたる人）
「あなたに亀を売った人は、この下流の渡し場で、舟をひっくり返して（＝舟がひっくり返って）死んでしまった」と語るのを聞いて、**5** 親の家に帰っ

帰り行きて、銭は亀にかへつるよし語らんと思ふほどに、親の言ふやう、「何とて、この銭をば返しおこせたるぞ」と
て行って、銭は亀に換えてしまったことを話そうと思う時に、親が言うことには、「どうして、この銭を返してよこしたのか」と

問へば、子の言ふ、「さることなし。その銭にては、しかじか亀にかへてゆるしつれば、そのよしを申さんとて、参
尋ねるので、子が言うことには「そんなことはない。その銭では、これこれの事情で亀に換えて放してやったので、そのことを申し上げようと思って、参

りつるなり」と言へば、親の言ふやう、「黒き衣着たる人、同じやうなるが五人、おのおの十貫づつ、持ちて来た
上したのです」と言うと、親が言うことには、「黒い着物を着た人で、同じ様子である人が五人、それぞれ十貫ずつ、持って来た

りつる。これぞなり」とて見せければ、この銭、いまだ濡れながらあり。
これがそれだ」といって見せたところ、**6** この銭は、まだ濡れたままある。

7 はや、買ひて放しつる亀の、その銭、川に落ち入るを見て、取り持ちて、親のもとに、子の帰らぬさきにやりけるなり。
なんと、買って放した亀が、その銭が、川に落ち込むのを見て、（それを）取って持ち、親のもとに、子の帰らぬ先に届けたのである。

あらすじを確認しよう！　解答

1 天竺の人が ①宝 を買うため、子に銭を持たせてやった。

2 子は殺される ②亀 を買い取って逃がしてやった。

3 子は ③親 が怒るだろうと思いつつ、帰宅した。

4 途中で、人が「亀を売った人は ④舟 が転覆して死んだ」と告げた。

5 帰宅して事情を話すと、親は「黒衣の人が ⑤五人 で銭を持ってきた」と言った。

6 銭は ⑥濡れ ていた。

7 亀が川に落ちた銭を拾って ⑦親 のもとに届けたのだった。

辞書を引こう！　解答

設く（準備する・用意する）

あながちなり（むりやりだ・ひたすらだ）

おこす（よこす）

さる（そんな・そういう）

はや（なんと・驚いたことには）

基礎演習編 3 酒乱のしもべ（『徒然草』）

問題⇨本冊36ページ

解答

問一　A 現　B あざけ
問二　イ
問三　(1) せ／させよ　(2) (例) 酒を飲ませよ
問四　3 カ　4 エ
問五　イ・ウ（順不同）

要旨　宇治の男がこじゅうとの具覚房（ぐかくぼう）に迎えの馬をやった。具覚房は口取りの男に酒を飲ませた。酔った口取りは奈良法師に絡み、取りなした具覚房を斬って大騒ぎして、里人に捕らえられた。具覚房は腰を斬られて、体が不自由になってしまった。召使いに酒を飲ませることは用心すべきことだ。

文学史　『**徒然草**（つれづれぐさ）』鎌倉時代の随筆。兼好法師作。一三三〇年頃成立した。仏教的無常観を背景に、和漢にわたる豊富な学識に基づいて、自然・人生・社会の様々な事象を自由に記した。

問一　A「うつし心」は、酔った口取りが奈良法師に言いがかりを付けたのを具覚房が取りなそうとしているという場面から、「**正常な判断力・正気**」などの意味だとわかる。また「うつつ」という重要古語がある。「夢」の反対語で、「❶（夢ではない）**現実**」、「❷（夢を見ているのではない）**正気**」の意味を表して、「現」の字を当てる。ここから、「うつし心」にも「現」の字を当てて「現し心」と書く。

B「嘲り」は「あざけり」と読む。現代でも使う言葉で、「ばかにして悪く言ったり、笑ったりする」ことである。「嘲笑」の「嘲」だとわかるとよい。

問二　傍線部1「なまめきたる」は、動詞「なまめく」に存続の助動詞「たり」が付いたものである。「なまめく」を知らなくても、重要古語の「なまめかし」と似ていることに気付けるようにしたい。

「**なまめかし**」は「生」とある通り、「**若々しく美しい**」ことを言い、「**優雅だ・上品だ**」の意も表す。（現代語の「なまめかしい」につながる「色っぽい・あだっぽい」の意もあるが、古文中ではこの用例は少ない。）これに対応する動詞「なまめく」も似た意味で、正解は**イ**である。

問三　(1) 活用形と接続を下から確認しよう。

助動詞「さす」は下二段型で活用するので、傍線部は命令形で終えられた命令文である。「さす」は未然形接続なので、直前の「せ」はサ変動詞「す」の未然形である。（名詞「一度」に付いているので、「せ」は助動詞ではない。）

文の構造

一度／せ／させよ
（せ：サ変「す」未然　させよ：使役「さす」命令　←未然形接続）

(2)「さす」は①**尊敬**（～なさる）、②**使役**（～させる）の意味を表すが、**直下に尊敬語がない時には使役の意味になる**ので、ここも使役の意である。

サ変動詞「す」は現代語の「する」と同じように、文脈からわかる時に、**色々な具体的な意味を表して使う「代理の動詞」**の用法を持つ。本文では、直前に「遥(はる)かなるほどなり」という口取りへのいたわりの言葉があること、直後に「酒を出(い)だし」とあることから、「す」は酒を飲む意だとわかる。使役の意味を添えて「酒を飲ませよ」「酒を飲ませろ」と訳せばよい。

問四「手」は「手・腕」の意からそれに関わるものへと意味が広がったと理解すると覚えやすい。

> **手**
> ❶手。腕。
> ❷文字。筆跡。
> ❸曲。奏法。手振り。
> ❹手傷。傷。
> ❺方法。（❷〜❺は「手」でやる物事。）
> ❻手下。家来。（「手」で人を表している。）
> ❼取っ手。柄(え)。（「手」のような形の物。）

傍線部3は、具覚房が口取りの無礼を奈良法師に許してもらおうとする場面なので、「手」をこすり合わせて謝罪している場面だとわかる。**「手をする」は謝罪や哀願の動作**を表す熟語で、「手」は❶の意味である。

傍線部4は「あまたして手おほせ」とある。**「たくさん」**の意の**「あまた」**は里人を指し、「して」は動作をする人数を表す格助詞である。「おほす」は傷を負う意の「負ふ」の他動詞形で、「手」の直後には助詞「を」が補える。この「手」は❹の意味である。

選択肢についても、どの意味かを検討する。**ア**は「大和琴(やまとごと)にも」とあるので、❸の「曲・奏法」の意味である。**イ**は「几帳(きちやう)」が視線を遮(さえぎ)るための道具で、移動できるカーテンのような物だと知っていれば、その「手」は❼の意に近く、几帳の横木のことだとわかる。**ウ**は「手よく書き」とあり、「歌よく詠みて」と並列されているので、「手」は❷の意味である。**エ**は「手負ひ、からき命を生き」とあるので、「手」は❹の意味である。**オ**は勝ち負けに関わる「手」で、「使ふ」の目的語でもあるので、❺の意味である。**カ**は手を折って数える場面なので、❶の用法である。これは現代語なら「指折り数える」ということである。**キ**は「手の者」とあり、呼び寄せる対象なので、「手」は❻の用法である。従って、正解は**3**が**カ**、**4**が**エ**である。

以上のように、**「手」**は多義語だが、最もよく問われるのは、**「❷文字・筆跡」**と**「❸曲・奏法・手振り」**だということも知っておくとよい。

参考までに各選択肢の訳を付けておく。

ア 大和琴にもこのような弾き方があったのだなあと聞いて自然にはっと気付いてしまう。
イ 引き戸のそばの几帳の横木が出ているのに引っかかって
ウ 字をうまく書き、和歌を巧みに詠んで、何かの時にはいつも最初に取りあげられるのは、うらやましい。
エ 自分自身が、傷を負って、危ない命を保ちながら
オ （双六(すごろく)の）どの手（＝打ち方・方法）が早く負けてしまうだろうかと考えて、その手を使わないで
カ 来年の（＝来年国司が交代になる）国々を、指を折って数えたりして
キ 自分の手下の者を呼び寄せて申したことは

問五 登場人物は印を付けて把握し、同じ人物同士を「＝〇〇」などとして結ぶ作業を、順番にやっていこう。

aは直後に「、」があるので主語である可能性が高い。**b**は直後に「とて」（「といって」の意）があるので「遁世(とんせい)の僧」と同じ人である。直後に「を」があるのでこれは目的語で、「なり」が断定なので**c**「こじうと」も同一人物である。**a≠b　b＝c**

「をのこ」が「申しむつびけり」という構造がつかめるとよい。

文の構造

宇治に住み侍りける a **をのこ**（主語）、（「が」を補う）京に b **具覚房**となまめき（といって・名称を示す）たる**遁世の僧**（＝具覚房）を（目的語を示す）、c **こじうと**（＝具覚房）なり（断定）けれ（過去・已然）ば（理由）、常に申しむつびけり。（述語）

dは注があり、新たな人物である。具覚房は宇治から迎えに来た口取りをいたわって酒を振る舞っている。

fはあとに「具し（＝伴う・従える）」があるので、直後には「を」が補える。eの「奈良法師」がfの「兵士」を伴っていたのである。e≠f

この一行に立ち向かっていったのだから、gは酔った口取りdだと考えられる。d＝g

具覚房は事態を収拾しようとして「酔っぱらいだから許してくれ」と言っているので、hは口取りのことである。h＝d

iは直後に「、」があり主語である可能性が高い。具覚房に向かってjのように呼びかけて腹を立てているので、iは口取りである。i＝d　j＝b　h≠j

口取りの大騒ぎで、出てきたのがkで、kは口取りをつかまえた。血が付いた馬が戻って驚いたのはaなので、lのあとには「が」でなく「を」が補える。lはaの召使いである。k≠l　i≠l

正解はイとウである。

コラム　古文読解のための背景知識③

具覚房は「なまめきたる遁世の僧」とある。「遁世」は「世」を「遁(のが)れる」ことで、「出家」の意もある。ただ、出家して俗世を遁れても、寺院に属すれば新たな世間がある。僧同士の人間関係があり、昇進や名声、悟りの深浅などを競い合いもする。これを嫌って寺を出ることも「遁世」という。具覚房は寺に属さず風流事などに依(よ)って生きた僧かと思われる。

この人が口取りの男を思いやって酒を飲ませたことが悲劇につながった。「なまめきたる遁世の僧」具覚房には、酒を飲んで心中の暗い衝動に身を任せる人間がいるとは思いもつかなかったろう。けれども、こういう人間もいるのだ。「下部(しもべ)に酒飲ます事は、心すべきことなり」、これがここでの兼好の教訓である。

兼好も出家者である。『徒然草』の多くの章段に出家者が登場するが、ありがたく悟り澄ました姿はほとんど描かれない。ある僧は子供がいたずらした狛犬(こまいぬ)を勘違いして有り難がり、ある僧は美しい稚児(ちご)に夢中になった挙げ句にけんかをし、ある僧は酒宴でふざけて大怪我(おおけが)をする。馬を溝に落とされて、難解な漢語で相手を罵倒したが、「何を言っているのかわからない」と言われて、我に返り恥じ入る僧も描かれる。

多くの人は一つの価値を信じて生きるが、拠(よ)り所を定めない生き方もある。兼好は俗世と距離を置きつつ、仏道一辺倒(いっぺんとう)にもならず、法師という自由な立場から鎌倉末から南北朝の激動期を「見る」ことで生きた。

現代語訳・文法要点 ③ 酒乱のしもべ（『徒然草』）

問題⇩本冊36ページ

1 **下部**に酒飲まする（使役）事は、心すべきことなり（断定）。**宇治**に住み侍り（丁・補）ける**をのこ**、京に**具覚房**となまめきたる**遁世の**（＝具覚房）

下男に酒を飲ませることは、用心しなければならないことである。宇治に住んでいました男が、都に具覚房といって上品な遁世の僧侶を、

●表示のある活用形
- 接続助詞「ば」の接続する未然形・已然形。
- 係助詞の結びの連体形・已然形、疑問の副詞と呼応する連体形。
- 下に体言を補って解釈するとよい連体形。（体と表示。）

僧を、こじうとなりければ、常に申しむつびけり。　ある時、迎へに馬を遣はしたりければ、「遥かなるほど

妻の兄弟であったので、いつも親しくおつきあい申し上げていた。2 ある時、(具覚房を)迎えに(男が)馬を遣わしたところ、(具覚房は)「遠い道

なり。口づきのをのこに、まづ一度せさせよ」とて、酒を出だしたれば、さし受けさし受け、よよと飲みぬ。太刀う

のりだ。馬の口取りの男に、まず(酒を)一杯飲ませてやれ」といって、酒を出したところ、(口取りの男は杯を)何度も受けて、ぐいぐい飲んだ。3 (口取りの

ちはきて、かひがひしげなれば、頼もしく覚えて、召し具して行くほどに、木幡のほどにて、奈良法師の、

男は)太刀を腰につけて、いかにもしっかりしている様子なので、(具覚房は)頼もしく思われて、召し連れて行くうちに、木幡のあたりで、奈良法師が、

兵士あまた具してあひたるに、この男立ち向かひて、「日暮れにたる山中に、あやしきぞ。止まり候へ」と言ひて、

僧兵をたくさん連れて(具覚房たちに)出会ったところ、この男は立ち向かって、「日が暮れてしまった山の中で、怪しいぞ。止まりなさい」と言って、

太刀を引き抜きければ、人も皆、太刀抜き、矢はげなどしけるを、具覚房、手をすりて、「うつし心なく酔ひ

太刀を引き抜いたので、人々もみんな、太刀を抜き、矢をつがえなどしたので、4 具覚房は、もみ手をして、「(この男は)正気もなく酔っ

たる者に候ふ。まげて許し給はらん*」と言ひければ、おのおの嘲りて過ぎぬ。この男、具覚房にあひて、

ている者でございます。是非許していただきたい」と言ったところ、めいめいあざ笑って立ち去った。この男は、具覚房に向かって、

「御房は口惜しき事し給ひつるものかな。おのれ酔ひたる事侍らず。高名仕らんとするを、抜ける太刀、空しくな

「お坊さまは残念なことをなさったものだなあ。私は酔っていることはございません。名を上げましょうとするのに、抜いた刀を、無駄になさっ

し給ひつること」と怒りて、ひた斬りに斬り落としつ。　さて、「山だちあり」とののしりければ、里人

たことだ」と腹を立てて、(具覚房を)めった斬りにして(馬から)落としてしまった。5 そうして、(口取りの男は)「山賊がいる」と大声を上げたので、里人が

おこりて出であへば、「我こそ山だちよ」と言ひて、走りかかりつつ斬り廻りけるを、あまたして手おほせ、

群がってかけつけると、「私が山賊だ」と言って、走りかかっては斬り回ったので、(里人が)たくさんの人数で傷を負わせ、

打ち伏せて縛りけり。　馬は血つきて、宇治大路の家に走り入りたり。あさましくて、をのこどもあまた

(口取りの男を)打ち倒して縛ってしまった。6 馬は血を付けて、宇治大路(の飼主)の家に走り込んだ。(主人の男は)驚きあきれて、下男たちを大勢

走らかしたれば、具覚房は、くちなし原にによひ伏したるを、求め出でて、かきもて来つ。からき命生きたれど、

走らせたところ、7 具覚房は、くちなしが生い茂る野原にうめいて倒れているのを、さがし出して、かついで来た。(具覚房は)あぶない命を生きたけれど、

腰斬り損ぜられて、かたはになりにけり。

腰を斬って傷つけられて、体が不自由になってしまった。

＊「〜していただく」意で、動作主への敬意を表す語。

あらすじを確認しよう！ 解答

1 宇治の男は①こじうとに当たる具覚房と親しかった。

2 男が具覚房を迎えにやった時、具覚房は口取りの男に②酒を飲ませた。

3 ③兵士を連れた奈良法師に出会って、口取りが言いがかりを付けた。

4 具覚房がとりなしたが、奈良法師が去ったあとで、腹を立てた口取りは具覚房に斬りつけた。

5 口取りが「④山だちがいる」と叫んだので、⑤里人が出てきて口取りを捕らえた。

6 ⑥血の付いた馬が戻ってきて、宇治の男は事件を知った。

7 ⑦腰を斬られた具覚房は体が不自由になった。

辞書を引こう！ 解答

心す（注意する・用心する）

具す（引き連れる・伴う）

あまた（たくさん・数多く）

口惜し（残念だ）

あさまし（驚きあきれるほどだ）

基礎演習編 4

基俊、意地悪して恥をかく（『無名抄』）

問題⇩本冊40ページ

解答

問一　a おとづる　b なんず　c ゐる　d おぼゆ
問二　オ
問三　(例)詠んだのは俊頼朝臣である（12字）／俊頼朝臣の歌である（9字）
問四　ウ
問五　ア○　イ○　ウ×　エ○　オ×

要旨　雲居寺の聖のもとで行われた歌会で、基俊が俊頼の歌を強い口調で批判した。琳賢が、この批判は当たらないと考えて、貫之の歌を証歌として示すと、基俊は黙ってしまい、俊頼はこっそり笑った。

文学史　『無名抄』鎌倉時代の歌論書。鴨長明作。和歌の表現、詠歌の心得、歌人たちの思い出、師俊恵の和歌についての考えなどを記している。鴨長明（一一五五？～一二一六）は和歌を源俊恵に学び、後鳥羽院に召されて和歌所寄人となったが、のち出家して日野山の方丈の庵で隠遁生活を送った。著書には『無名抄』の他、『方丈記』（随筆）、『発心集』（仏教説話集）がある。

問一　古文の動詞は現代語の動詞とは活用の仕方が異なるので、**「終止形は何だろう」と当てずっぽうで考えるのではなく、その語が何行何活用かを確定し、そこから終止形を求める**という手順を踏まなければならない。

古文の動詞は活用の種類が九種ある。そのうち、上一段・下一段・カ行変格・サ行変格・ナ行変格・ラ行変格活用は所属する語を覚え、四段・上二段・下二段活用は、打消の助動詞「ず」を付けて活用の種類を見分けるのが基本である。（⇩**文法ガイド**②本冊35ページ）。

aは活用の種類を記憶しておく語ではないので、「ず」を付けると、「おとづれず」となる。「ず」の直前は「れ」なので、ラ行下二段活用とわかる。ラ行下二段活用は「れ・れ・る・るる・るれ・れよ」で、語幹の「おとづ」に終止形活用語尾の「る」を付けて、終止形は「おとづる」となる。（「おとづれる」や「おとづるる」ではない。）

bは「ず」を付けて見分けず、サ行変格活用の複合動詞だと気付く必要がある。終止形は「難ず」である。「～ず」の語もザ行変格活用ではなく、「サ変」と呼ぶ習慣である。**サ変の「す」は現代語の「する」と同じように多くの複合動詞を作る。音読みの漢字に「す」が付く**のは、その代表である。同様の語は「具す・奏す・案ず・念ず・感ず・論ず・興ず・御覧ず」などたくさんある。（**「す」で終わる語をすべてサ変としてはならない**。例えば、「申す」はサ行四段、「取らす」はサ行下二段活用である。）

cはワ行上一段活用の動詞である。**覚えるべき語なので、「ず」で判断せず、即答**する。漢字は「居る」と書き、基本の意味は「座る」である。

dは記憶する語ではないので、「ず」を付けると、「おぼえず」となり、下二段活用だとわかるが、「え」は複数の行にあるので、注意が必要である。

古文のア行・ヤ行・ワ行は以下のようである。もとは発音が違っていたものもあるが、現代語ではこれらの「い・う・え」を発音し分けることはできないので、現代語では赤字の部分を除いて五十音図を書く。

ア行	あ	い	う	え	お	
ヤ行	や	い	ゆ	え	よ	
ワ行	わ	ゐ	う	ゑ	を	＊赤字の部分は現代語と異なる。

dは「覚え」とあるので、仮名の違いからワ行ではないとわかる。また、**ア行下二段活用の語は「得」のみ**である。（複合動詞**「心得」「所得」**を数えて三語としてもよい。）従って、**d**はヤ行下二段活用だとわかり、「え・え・ゆ・ゆる・ゆれ・えよ」と活用するので、語幹「おぼ」に終止形の活用語尾「ゆ」を付けて、終止形は「おぼゆ」となる。（ちなみに、**ワ行下二段活用の語は「植う・飢う・据う」のみ**である。）

問二 選択肢**ア〜ウ**は助動詞「ぬ」を打消として訳しており、**エ**と**オ**は「ぬ」を完了として訳していることに注目しよう。まずは「ぬ」を識別する必要がある。**打消の助動詞「ず」**と**完了の助動詞「ぬ」**は反対の意味を表すのに**「ぬ・ね」の形が共通**なので、常に注意して読むようにしたい。

文法 「ぬ・ね」の識別法

◉打消の助動詞「ず」
・**訳**……打消（〜ない）
・**接続**…未然形

基本形	未然形	連用形	終止形	連体形	已然形	命令形
ず	○	ず	ず	ぬ	ね	○
	ざら	ざり	○	ざる	ざれ	ざれ

◉完了の助動詞「ぬ」
・**訳**……完了（〜た・〜てしまった・〜てしまう）・強意（きっと〜）
・**接続**…連用形

基本形	未然形	連用形	終止形	連体形	已然形	命令形
ぬ	な	に	ぬ	ぬる	ぬれ	ね

三つの見分け方 ＊文によって、Ⓐ〜Ⓒの一番よい方法を選ぶ。
Ⓐ訳………文脈から考える。（文章の意味が確実につかめる時のみ。）
Ⓑ接続……「ぬ」「ね」の**直前**の語を見る。
Ⓒ活用形…「ぬ」「ね」の**直後**の要素を見る。

「ぬ」の直前の「明け」はカ行下二段活用で、未然形と連用形がともに「明け」なので、Ⓑでは見分けることができない。そこで、Ⓒによって「ぬ」の直下を見ると、終止形接続の助詞「とも」があるので、「ぬ」は完了と決まる。**ア〜ウ**は誤りである。

次に、この時の歌題が「秋の暮れの心（＝秋の終わりの気持ち）」であることに注目する。現代の私たちは「涼しくなったから秋」「日が長くなったから春」といった曖昧な季節感で過ごしているが、旧暦の季節は一年をきっちり四等分していた。

一・二・三月………**春**
四・五・六月………**夏**
七・八・九月………**秋**
十・十一・十二月……**冬**

そこから、和歌の「明けぬともなほ秋風のおとづれて（＝明けてしまってもやはり秋風は吹いて）」は「（秋の終わりである九月の最後の夜が）明けてしまって（冬が始まる十月になって）も、やはり秋風は吹いて」の意だと考えられるので、正解は**オ**である。

問三 「さよ」は、「そう」の意の指示副詞「さ」に強調の終助詞「よ」が付いており、「そうだよ」の意である。直前の「これ」は「明けぬとも」の歌を指すと考えられる。接続助詞「ど」は逆接の意味を表す。

文の構造

名を隠したりけれど、これを「さよ」と心得て、

逆の内容　逆接　＝「明けぬとも」の歌　そうだよ　気付く

この部分は「名前を隠していたけれども、この歌を『そうだよ』と気付いて」と解釈することができ、逆接の接続助詞「ど」（＝～けれども）の働きを考えて具体的に肉付けすれば、「歌の詠み手の名前を隠していたけれども、この歌を『俊頼の歌だよ』と気付いて」と考えることができる。「詠んだのは俊頼朝臣である」「俊頼朝臣の歌である」などと答えればよい。

問四 **注**をもとに、傍線部**3**の内容を確認すると、紀貫之の歌の「桜散る木の下風は寒からで」の「はて（＝最後）」の「で」の文字を声を長く引いて歌を詠じた、と読める。

心情が問われているので、これが誰の、どういう時の行為であるかを確認していこう。俊頼の歌を、本文3行目「いどむ（＝張り合う）人」である基俊は強く批判した。俊頼は何も言わなかったが、琳賢が「証歌を知っている」と言い、基俊が「たいした歌ではあるまい」と言ったあと、琳賢が証歌を披露する場面である。基俊の批判の焦点は「和歌の第三句末に助詞の『て』や『で』を置いてはならない」ということであったが、琳賢は貫之の名歌を反証としてあげ、該当する文字を「なががとながめ」て強調したのである。ここには、挑戦的で攻撃的なのにもかかわらず、不勉強でうかつな基俊に対する非難（**ア**「**敵意**」）を読み取ることができる。

イ「**揶揄**」は「**からかうこと**」、**エ**「**嘲笑**」は「**ばかにして笑うこと**」、**オ**「**皮肉**」は「**意地悪く遠回しに非難すること**」で、いずれも、琳賢が言葉を尽くして反論することはせず、該当する文字を「なががとながめ」たことに合致する。**ウ**の「**同情**」は読み取れない。正解は**ウ**である。

問五 選択肢の中の誤っている部分に線を付けて確認しながら、答えていこう。

アは、本文5行目「口開かすべくもなく難ぜられければ、俊頼はともかくも言はざりけり」と合致する。**イ**は、本文6行目「ことやうなる」は「**異様なる**」と書き、「**普通と違っている・変わっている・おかしい**」の意で、「たいした歌ではなさそうな口ぶり」と合致する。**ウ**は、本文6行目に「いでいで、うけたまはらん。よもことよろしき歌にはあらじ」とあり、基俊は自信満々だと読めるので、合致しない。**エ**は、本文9行目に「色真青になりて、物も言はずうつぶきたりける」とあるのと合致する。**オ**は、本文にはないことで、合致しない。

コラム　古文読解のための背景知識④

本文では紀貫之の歌が、傲慢な基俊の鼻っ柱をへし折る役割をしているが、これはどういうことだろうか。

勅撰和歌集は天皇の命令によって編集される和歌集で、治世の記念などのために編まれ、その時代の和歌文化の粋を極めることが目指された。勅撰集は、**私家集**（西行の『山家集』、源実朝の『金槐和歌集』が代表的な作品。個人の和歌を集めたもの）などの和歌集とは全く違う重みを持ち、権威・規範として捉えられて、一首でも入集することが名誉だと考えられた。

『古今和歌集』は醍醐天皇の下命による最初の勅撰和歌集で、貫之は撰者の中心として「仮名序」も書いている。本文の「桜散る」は、この貫之による名歌だから、基俊も降参するしかなかったのである。

現代語訳・文法要点 ④ 基俊、意地悪して恥をかく（『無名抄』）

問題⇨本冊40ページ

雲居寺の聖のもとにて、秋の暮れの心を、俊頼朝臣、

1 雲居寺の僧のもとで、秋の終わりの心を、俊頼朝臣が、

明けぬ（完了）とも（逆接仮定）　なほ秋風のおとづれて　野辺のけしきよ（間助・呼びかけ）　面がはりすな（終助・禁止）

（秋の最後の夜が）明けてしまって（冬になって）も、やはり秋風は吹いてきて音を立てて、野辺の（風流な秋の）様子よ、（荒涼たる冬景色に）様子が変わるなよ。

名を隠したりけれど（逆接確定）、これを「さよ」と心得て、基俊いどむ人にて、難じていはく、「いかにも歌は腰の句の末に、て文字据ゑつるに、はかばかしき事なし。障へていみじう聞きにくきものなり（断定）」と、口開かす（使役）べくもなく難ぜられ（尊敬）けれ（過去・已）ば（順接確定）、俊頼はともかくも（なんとも（↓））言はざり（打消（↑））けり。その座に伊勢の君琳賢がゐたりける（過去・体）なむ（強意（結びの消滅））、「ことやうなる証歌こそ（強意（↓））一つ覚え侍れ（丁・補　ラ変・已（↑））」と言ひ出でたりけれ（過去・已）ば（順接確定）、「いでいで、うけたまはら（「聞く」謙）ん（意志）。よも（まさか（↓））ことよろしき歌に（断定）はあらじ（打消推量（↑））」と言ふに、

2（詠み手の）名を隠してあったけれども、この歌を「そうだよ（＝俊頼が詠んだものだよ）」と（基俊は）気付いて、基俊は競争心の強い人で、非難して言うことには、「まったく歌は第三句の終わりに、『て』という文字を置いてしまうと、しっかりしていることはない。ひっかかって非常に聞きにくいものである」と、（相手に反論の）口を開かせるはずもないくらい非難なさったので、3 俊頼は何とも言わなかった。4 その席に伊勢の君琳賢が座っていたが（この人が）、「おかしな証拠の歌を一首思いついております」と口に出したので、（基俊は）「さあさあ、お聞きしよう。まさか出来のよい歌ではないだろう」と言うと、

桜散る木の下風は寒からで（打消接続）

桜の花が散る木の下を吹いてくる風は寒くなくて

と、はてのて文字をながながとながめたるに、色真青になりて、物も言はずうつぶきたりける時に、俊頼朝臣はしのびに笑はれ（尊敬）けり。

と、最後の「て」の字を長々と声を長く引いて（この歌を）詠じたところ、5（基俊は）顔色が真っ青になって、何も言わずにうつむいていた時に、俊頼朝臣はこっそりお笑いになった。

◉表示のある活用形
- 接続助詞「ば」の接続する未然形・已然形。
- 係助詞の結びの連体形・已然形、疑問の副詞と呼応する連体形。
- 下に体言を補って解釈するとよい連体形。（体と表示。）

あらすじを確認しよう！ 解答

1 雲居寺の聖のもとで ①秋の暮れの心 を題にした歌会があった。

2 基俊が ②俊頼 の歌にけちを付けた。

3 ③俊頼 は無言であった。

4 琳賢が適切な ④証歌 を出して反論した。

5 ⑤基俊 が青ざめて黙ったので、俊頼は忍び笑いした。

辞書を引こう！ 解答

- なほ（やはり・もとの通り）
- けしき（様子）
- 心得（こころう）（気付く）
- 据う（置く）
- よも（まさか）

基礎演習編 5 兼好をからかう（『徒然草』）

問題⇩本冊44ページ

解答

問一　a ちょうもん　b つぼね
問二　A ア　B ウ
問三　X し　Y ある　Z ね
問四　1・4（順不同）
問五　オ
問六　ウ→イ→ア→エ

要旨　兼好が千本釈迦堂（しゃかどう）で説法を聞いていると、優雅な女が膝に寄りかかって座ってきた。匂いが移りそうなので退いたが、なおも寄ってきたので、席を立った。のちに、ある御所さまの女房がこの時のことを言い出したが、とぼけておいた。あとになってこれは、さる貴人が兼好が聴聞しているることに気付いて、召し使う女房にやらせたことだと、わかった。

文学史　『徒然草（つれづれぐさ）』鎌倉時代の随筆。兼好法師作。一三三〇年頃成立した。仏教的無常観を背景に、和漢にわたる豊富な学識に基づいて、自然・人生・社会の様々な事象を自由に記した。

問一　a「**聴聞**」は「**ちょうもん**」と読んで「**説法などを聞く**」意。
b「**局**」は「**つぼね**」と読み、「**部屋**」の意。貴人の邸（やしき）で、屏風（びょうぶ）などで仕切って女房などに与えた小部屋をいうことが多い。本文では、寺院で法話を聞く貴人に与えられた部屋である。

問二　A「**優なり**」は「**優雅だ・優美だ・上品だ**」と訳すのが基本。「和歌が詠める・管弦を奏でることができる・風流を理解する心がある」などという古典的な美質を評価して使うことが多い。現代語の「優しい」とは異なる。
B「そぞろごと」は「そぞろ」に「こと」が付いた語で「すずろごと」とも言う。「そぞろ」「すずろ」は、これといってはっきりした根拠や原因などがない様子をいう。形容動詞「**すずろなり**」「**そぞろなり**」は「**❶何ということもない・❷根拠がない・❸関係がない・❹思いがけない**」などと訳す。本文で「そぞろごと」を言ったのは「ある御所さまの古き女房」で、具体的な状況は書かれていないので、「とりとめもないこと・何ということもないこと・雑談」といった意味だと捉えるのがよく、正解は**ウ**である。**ア**の「くだらない」は辞書にある訳語だが、作者は女房に「言はれし」などの尊敬語を使っており、この場面にふさわしい訳語とは言えない。

問三　文末に来る活用形の代表は終止形だが、空欄補充の問いになっていたら終止形でなく、「係り結びの法則」に関する設問である可能性が高い。「係り結びの法則」は、**文末の形**と、**意味**とで整理するのがよい。

文法　係り結びの法則
▼形
ぞ・なむ（なん）・や・か がある → 文を**連体形**で結ぶ。
こそ がある → 文を**已然形**で結ぶ。
▼意味
ぞ・なむ（なん）・こそ → **強意**（訳さなくてもよい）
や・か → **疑問**または**反語**（必ず訳す）

空欄はどれも文末で、前に係助詞があるので、係り結びの問いである。Xは前に「なん」があるので、過去の助動詞「き」は連体形の「し」になる。Yも「なん」があるので、ラ行変格活用動詞「あり」は連体形の「ある」になる。Zは「こそ」があるので、打消の助動詞「ず」は已然形になる。

ここで、「ず」の已然形が「ね」と「ざれ」の二つあることが問題になる。**助動詞のほとんどが、用言と重なる活用をする**ことを思い出そう（⇩**文法ガイド④**本冊43ページ）。一般的には、「ず」は用言と関係のない「特殊型」で活用するとされるが、活用表の左側の部分はラ変動詞「あり」を語源に持ち、「ラ変型」である。

ここで形容詞を思い出してほしい。**ラ変型の部分**（＝補助活用）**は助動詞に接続するために生まれた**ものであった。この性質は、二列活用の語すべてに共通する。従って、係助詞の結びで用いる已然形はラ変型ではない方の「ね」ということになる。

基本形	未然形	連用形	終止形	連体形	已然形	命令形
ず	○	ず	ず	ぬ	ね	○
	ざら	ざり	○	ざる	ざれ	ざれ

⇧ラ変型

文末の活用形については、他に次のような可能性がある。

文法 **文末の活用形**
Ⓐ文が特別な事情なしに終わっている→終止形
Ⓑ**係り結びの法則**→前ページの **文法** **係り結びの法則** 参照
Ⓒ文中に**疑問や反語の副詞**がある。→連体形
　例 など（＝どうして）・たれ（＝誰）・いづく（＝どこ）
Ⓓ**命令文**→命令形
Ⓔ**連体止め**（感動・余韻などを表す）→連体形

問四 日本語ではすべての述部に主語を明記する必要がないので、書かれていない主語を問う設問は多い。設問箇所だけ考えてもうまくいかない可能性が高いので、本文冒頭から順に、全体を考えるようにしよう。「入門編」の主語を補うヒントも使って、考えてみよう（⇩**入門編⑤**本冊16ページ）。

第一段落 最初に見るべき述語は「詣で」である。寺に「行く」意の謙譲語で、主語は書かれていない。本文は作者の自賛だと導入文にあるので、**主語が全く書かれていなくて、尊敬語が使われていない部分の主語は作者**だと考えられる（⇩**入門編⑤B**本冊18ページ）。続く「入り」「隠し」も同様である。**1**「（聴聞）し侍りし」で「侍り」は**丁寧の補助動詞なので、尊敬語はなく**、ここも同じである。作者が寺に説法を聞きに行ったのである。

次に「優なる女」が登場する。「姿・匂ひ」が「人よりことなる（＝他の人より格別に優れた）」いい女である。（「女の」の「の」は同格の格助詞。）この女が、聴聞客を**2**「わけ入りて（＝かき分けて入ってきて）」、作者の膝に「ゐかか」る（＝寄りかかって座る）のだ。（「**居る**」は「**座る**」意の重要語。）大変なことになってきた、と読み取ろう。匂いが移る、という匂いは、女が着物に焚きしめた香の匂いで、それを「便あし（＝具合が悪い）」と思い、「すり退」くのは作者である。なおも「ゐよ」るのは「女」で、作者は席を立ってしまう。

第二段落 後日のことである。「ある御所さまの古き女房」が登場して言う。**会話の中で尊敬語で表現されるのは、会話の相手**（本文では作者）、**尊敬語なしで表現されるのは、会話の話し手**（本文では女房）の可能性が高い（⇩**入門編⑤A❷**本冊17ページ）。「私は、あなたを全く情趣のわからない人だと軽蔑することがあった」。**3**の主語は女房。（**「奉る」は謙譲の補助動詞なので、尊敬語はない**と考える。）これに対して「全く心当たりがない」としらばくれるのは作者である。**4**「申し」は謙譲語なので、敬語の矛盾もない。

第三段落 さらにのちに、この事件の真相が語られる。「人」は「御局」「御覧じ知り」という尊敬語があるので貴人で、「御覧じ知り」は「見知る」の尊敬語だから、貴人が作者の聴聞に気付いたというのだ。そして、召し使う「女

房」（「古き女房」とは別人である）を着飾らせて作者にけしかけて、反応を報告させようとした。５「申せ」は命令形。**会話文中の命令文の主語は「あなた」**つまり、この女房である（⇩入門編⑤A❷本冊17ページ）。（５は謙譲語で受け手つまり、この「人」自身への敬意を表して、**「自敬表現」**になっている。）

本文にはほとんど主語が書かれておらず、それを「入門編」の方法で見つけられる部分がたくさんあるので、確認してほしい。ただし、これを機械的にやってはならない。場面と人物の動きから、貴人が女房を使って作者を試そうとするおもしろい話だと読み取れることが大切なことで、「入門編」の方法はヒントとして使うものである。

問五 本文の内容は**問四**の解説の通りである。作者は、ある貴人のいたずらに、事情は知らなかったが引っかからず、笑いものになったり、評判を落としたりしなかったことを「自賛」しているのである。正解は**オ**である。

選択肢の中の誤りだと思う部分に線を付けて確認していくとよい。

ア ある高貴な方が、美しい女を使って兼好の品行を試そうとしたことに、いち早く気付いて巧みにかわしおおせたこと。
（× この計略は後日明らかになるので誤り）

イ ある御所に古くから仕える女房が、兼好の菩提心を試みようと、若い女を使って言い寄らせたが、出家者としての志を貫いたこと。
（× いたずらの首謀者は高貴な「人」なので誤り）（× 本文にないので誤り）（× 作者が女を避けた理由は書かれていないので誤り）

ウ 優雅な振る舞いの美女に迫られて、思わず心を動かしかけたが、女房から問い詰められた時に、動揺せずに隠し通したこと。
（× 作者は女を避け、席を立ったので誤り）（× 女に心を動かされなかったのだから動揺もしておらず誤り）

エ ある貴人が、美女を使って兼好が声を掛けるかどうか試そうとしたが、香の匂いで感づいて、その場から逃げおおせたこと。
（× 香の匂いが移ることは嫌ったが、それでいたずらに気付いたわけではないので誤り）

オ 美女にすり寄られた兼好がどう出るか見てやろうというある貴人のいたずらに、事情は知らなかったが引っかからなかったこと。⇩〇

問六 **『枕草子（まくらのそうし）』『方丈記（ほうじょうき）』『徒然草』を三大随筆と呼ぶ。**『枕草子』は平安時代中期に清少納言（せいしょうなごん）が、『方丈記』は鎌倉時代初期に鴨長明（かものちょうめい）が、『徒然草』は鎌倉時代末期に兼好法師が書いた。『玉勝間（たまかつま）』は江戸時代に本居宣長（もとおりのりなが）が書いた。**『方丈記』『徒然草』は同じ鎌倉時代だが、成立年に百年ほどの開きがあり、**文体や背景となる価値観にも違いがあることは知っておくとよい。

コラム 古文読解のための背景知識⑤

兼好の伝記は不明な点が多い。三十歳頃には出家していたようだが、仏道に専心して現世を捨て切ったわけではない。出家という形で世間から距離を置いて、自由になろうとしたようにも見える。『徒然草』には、この世の無常を説くような坊さん然とした話に留まらず、様々な話題を取り上げている。

例えば、こんな章段がある。西大寺長老が眉も白く徳の高そうなさまで参内（さんだい）したのを見て、内大臣は深く敬い帰依（きえ）した。しかし、日野資朝（ひののすけとも）は「年寄っているだけです」と言い放ち、後日、老いて毛が剝（は）げたむく犬を「尊く見えます」と言って内大臣に献上した。資朝はのちに後醍醐（ごだいご）天皇の倒幕計画に関わって殺される人物である。兼好は何の批評も加えず、ただこの話を載せている。どこにも、何にも与（くみ）せず、人の世を見切っていたのだ。

鎌倉幕府の弱体化、後醍醐天皇による倒幕、足利尊氏（あしかがたかうじ）の離反、南北朝の対立。激動の時代、人々は身の処し方に迷ったろう。その時、兼好は一目置かれて、高貴な人物を含む幅広い交友関係を持った。

そういう兼好だからこそ、美女をけしかけて反応を見ようといういたずらを仕掛けられもしたのだ。そして、兼好は期待を裏切らなかったというエピソードである。

現代語訳・文法要点 5 兼好をからかう（『徒然草』）

問題⇨本冊44ページ

1 二月十五日、月明き夜、うちふけて、千本の寺に詣でて、後ろより入りて、ひとり顔深く隠して聴聞し侍りしに、優なる女の、姿・匂ひ、人よりことなるが、わけ入りて膝にゐかかれば、

二月十五日、月が明るい晩、（夜が）ふけて、（私は）大報恩寺に参拝して、（人々の席に）後ろから入って、一人で顔を深く隠して説法を聞いておりましたが、優雅な女で、姿やたきしめたお香の匂いが、他の人より格別な女が、（聴聞の人々の間を）かき分けて入って来て（私の）膝に寄りかかって座るので、

（詣で：「行く」謙／より：起点／侍り：丁・補／し：過去／の：格助・同格／より：比較／ことなる：形動・体／ゐかかれ：ラ四・已／ば：順接確定）

2 匂ひなども移るばかりなれば、便あしと思ひて、すり退きたるに、なほゐよりて、同じ様なれば、立ちぬ。

匂いなども（私の身に）移るほどであるので、具合が悪いと思って、膝をすって脇にどくと、（女は）なおも（私に）にじり寄って、（前と）同じ様子であるので、（私は）席を立った。

（なれ：断定・已／ば：順接確定／なれ：断定・已／ば：順接確定／ぬ：完了）

3 その後、ある御所さまの古き女房の、そぞろごと言はれしついでに、「むげに色なき人におはしけりと、見おとし奉ることなんありし。情けなしと恨み奉る人なんある」とのたまひ出だしたるに、「さらにこそ心得侍らね」と申してやみぬ。

その後、ある御所方の古参の女房が、とりとめもない話をなさった機会に、「ひどく無粋な人でいらっしゃったなあと、（あなたを）見くだし申し上げることがあったのです。つれないとお恨み申し上げる人がおります」と言い出しなさったので、（私は）「（何のことか）全くわかりません」と申し上げて終わった。

（の：格助・主格／れ：尊敬／し：過去／人：＝兼好／に：断定／おはし：尊・補／けり：詠嘆／奉る：謙・補／なん：強意（↓）／し：過去・体（↑）／奉る：謙・補／人：＝優なる女／なん：強意（↓）／ある：ラ変・体（↑）／のたまひ出だし：「言ひ出だす」尊／さらに：全く（↓）／こそ：強意（↓）／侍ら：丁・補／ね：打消・已（↑）／申し：「言ふ」謙／ぬ：完了）

4 この事、後に聞き侍りしは、かの聴聞の夜、御局の内より人の御覧じ知りて、さぶらふ女房をつくりたてて出だし給ひて、「便よくは、言葉などかけんものぞ。その有り様参りて申せ。興あらん」とて、はかり給ひけるとぞ。

このことについて、後で聞きましたことは、あの聴聞の夜、御局の中から（ある）人が（私を）お見つけになって、お仕えする女房を飾り立ててお出しになって、「うまくいったら、（兼好に）声などを掛けるのだぞ。その様子を参上して申し上げよ。おもしろかろう」といって、仕組みなさったということだ。

（侍り：丁・補／し：過去・体／より：起点／の：格助・主格／御覧じ知り：「見知る」尊／さぶらふ：「仕ふ」謙／女房：＝優なる女／給ひ：尊・補／便よく：形・用／は：係助・順接仮定／参り：「来」謙（自敬表現）／申せ：「言ふ」謙（自敬表現）／ん：推量／給ひ：尊・補／ぞ：強意（結び「言ふ」など省略））

◉表示のある活用形
- 接続助詞「ば」の接続する未然形・已然形。
- 係助詞の結びの連体形・已然形、疑問の副詞と呼応する連体形。
- 下に体言を補って解釈するとよい連体形。（体と表示。）

あらすじを確認しよう！ 解答

1 兼好が千本釈迦堂で聴聞していると、優雅な女が ①膝 に寄りかかって座ってきた。

2 ②匂ひ が移りそうですり退くと、なおも寄ってきたので、席を立った。

3 のちに、ある御所さまの ③古き女房 がこのことを言い出したが、とぼけておいた。

4 これは、貴人が兼好の聴聞に気付いて、召し使う ④女房 にやらせたことだと、あとになってわかった。

辞書を引こう！ 解答

- ことなり （格別だ・特別だ）
- ついで （機会・折）
- 情けなし （情趣がない・人情がない）
- さらに＋打消 （全く・全然〜ない）
- はかる （だます・たくらむ）

昔男のいたずら―恋の仲立ち（『伊勢物語』）

問題⇩本冊48ページ

解答

問一 a・d（順不同）
問二 A オ B ア
問三 眺・長雨
問四 ウ
問五 女
問六 エ

要旨 高貴な男のもとにいた女に、藤原敏行(としゆき)が求婚した。女は若くて返事ができなかったので、主人が下書きを書いて返事をさせたところ、それと知らない敏行は感激し、二人は結ばれた。のちに敏行の愛情にかげりが見えると、主人は女の悲しみを詠んでやり、敏行は慌てて逢(あ)いにきた。

文学史 **『伊勢物語(いせものがたり)』** 平安時代の歌物語。作者不詳。多くの章段が「昔、男ありけり。」で始まり、歌を中心とする短編が「男」の生涯をたどるような形で配列されている。「男」は六歌仙、三十六歌仙のひとり在原業平(ありわらのなりひら)を思わせる。

問一 登場人物を整理するには本文を読解する必要がある。それに当たって、本文が言葉で書かれていないこと（「古文常識」）を踏まえて展開されていることに気付く必要がある。

本文2行目**「よばふ」**は**「求婚する・求愛する」**と訳す。けれども、現代とは異なり、敏行は求婚する前に、相手の女の顔をはっきりと見たことはなく、まして性格や気立てなどは知るすべもなかった。「自分と身分の釣り合う、よさそうな女がいる」と聞いたら、**歌を含む手紙をやって女の反応を見るのが、平安貴族の恋愛の始めで、「よばふ」の具体的な内容**である。

従って、女が若くて手紙も歌も苦手では、敏行の求愛を受けることができないので、女の主人が代わりに返歌を作ってやって、二人の関係が始まるのである。その時代には当たり前でいちいち言葉で説明されないことを**「古文常識」**といっている。この恋愛のあり方はぜひ覚えておきたい。

では、本文を読んでいこう。aは本文冒頭の登場人物の紹介で、「高貴な男」と訳すのがよい。bの**「なり」**は体言「もと」に付いた**断定の助動詞**だが、「もと」は**場所を表しているので、存在**の訳がよりふさわしい。bは「その高貴な男のもとにいた人」と訳せる。cのすぐ前にある「に」も断定の助動詞で、「内記にありける」は「内記であった」と訳せる。「藤原の敏行」は名前から男性とわかるので、敏行が「よばふ」bは女性だと考えられる。（古文には男性同士の恋愛の話も多いが、本文ではこのあとの展開からbは女性だと考えてよい。）

続く「若ければ〜よまざりけれ」には主語が書かれていないが、敏行は内記（**注**にある通り、記録を担当する官）なのだから、手紙を書けないはずはなく、この部分の主語は相手の女である。bが敏行の求愛を受けられるよう、dが手助けをしたというのである。**「かの」**は**「あの・その」**の意で、**前に出てきたものを指す**のが原則なので、dとaは同じ人物で、bはその「あるじ」に仕える女房のような女性だとわかってくる。

eは、Ⅰが女に逢えない悲しみを訴える歌であることから、cと同一人物である。二重傍線部は直後が「、」で主語だと思われ、女（＝b）に代わって返歌をしているのだから、aと同じ人物である。正解はaとdである。

問二 A「つれづれ」は「**❶することがなくて退屈なこと・手持ちぶさた**」の意である。することがないことは、「**❷しんみりとして寂しいこと・物思いに沈むこと**」につながる。現代語の「退屈」は、暇でのんびりしているという語感なので、文脈上当てはまらないことも多い。機械的に「つれづれ＝退屈」と訳さないようにしたい。傍線部Aは女が振り向いてくれないつらさを歌った歌にあるので、❷に近い。正解は**エ**でなく、**オ**である。

B 現代語でも「忘れ難い・許し難い・捨て難い」などの言い方があるように「難し」は動詞に付いて、そのことが簡単でない意の形容詞を作る。「み」は接尾語である。これは「**体言＋を＋形容詞の語幹＋み**」が基本の形で、「**〜が…ので**」と訳す重要な語法である（例 人を多み・山を深み）。正解は**ア**である。

問三「眺め」は必ずしも物を見る意ではなく、「**ぼんやり物思いに沈む・物思いにふける**」意が中心である。古文では「**長雨**」を「ながあめ」でなく「**ながめ**」と読む。長く降り続ける雨は憂鬱（ゆううつ）な思いを増幅させる。同音異義語で、イメージも重なる「**眺め**」と「**長雨**」は繰り返し使われた**掛詞**（かけことば）である。

本文では「しみじみ寂しい物思い」「長雨で増水する涙の河」というふうにイメージがつながっている。

文の構造

つれづれの**ながめ**にまさる涙河

（ながめ：眺め／長雨）

問四 **問四**では和歌に込められた思いの説明が求められているが、まずは歌を逐語訳することから始めなければならない。

「あさみ」は**問二**の傍線部Bと同じ表現で、「浅いので」と訳せる。係助詞「こそ」の結びが、現在原因推量の助動詞「らむ」の已然形「らめ」で、通常の文なら文末にあたり、「。」が付く。（二句目で切れるので「**二句切れ**」という。）副助詞「**さへ**」は現代語の「さえ」とは異なり、前に書かれたことに対して、「さへ」の直前の事柄を添加する意で「**までも**」と訳す。ここでは「袖（そで）」に「身」が添加されている。「聞か」は**未然形なので**、「**ば**」**は仮定**を表して「聞いたら・聞くならば」の意。「**頼む**」は現代語のように、何かを依頼する意ではなく、「**頼る・あてにする**」意である。

逐語訳は「浅いから袖が濡れ（ぬ）ているのだろう。涙の河が身までも流れると聞いたらあてにしよう」である。Ⅰは、あなたに逢えなくて泣いていると言って女との逢瀬（おうせ）を求める歌である。Ⅱはこれに対する返歌ということで、わかりやすく言葉を補えば、「（私を思って流しているという涙の河が）浅い（＝愛情が浅い）から袖が濡れているのだろう。涙の河が（深くて、袖が濡れるだけでなく、あなたの）身までも流れる（ほどだ）と聞いたら（あなたの愛情を）あてにし（てあなたのものになってあげ）よう」である。Ⅱは相手により多くの愛情を求め、それを条件に身を任せてもよいと述べる歌だとわかる。正解は**ウ**である。**泣く**ことを「**袖を濡らす**」という類は慣用表現である。それをあえて袖が濡れる程度の浅い愛情ととり、より深い愛を要求するのは、相手の恋心をくすぐる高度な技巧である。

ア あなたの愛情はそんなに深くありません。流したという涙も、私でない他の女ゆえのものに違いありません。×（「他の女」は本文にないので誤り）

イ あなたの言葉には実がありません。本心を聞かせてくださったら、あなたとのことを本気で考えたいと思います。×（敏行の歌が本当か嘘（うそ）かは問題にされていないので誤り）

ウ あなたの愛情はそれほどのものとは思われません。もっと愛してくださるなら、あなたを頼みにしましょう。⇨〇

エ　あなたの生き方はあまりに浅薄です。私はもっと真摯な愛情を注いでくれる人と人生を共にしていきたいのです。

×敏行の「生き方」については述べられていないので誤り

オ　あなたの涙は容易に流れるものです。私を思って泣いたなどと聞いても、私の心が動くことはありません。

×敏行を完全に拒む歌になっているので誤り

問五　書かれていない目的語を読み取る問いである。文脈を追って、見ていこう。傍線部**1**の前に「男、」とあり、「おこせたり」の主語である。**下二段活用の「おこす」は「よこす」**の意だから、この文は「男が、手紙をよこした」と訳せる。前の段落で、敏行が女を手に入れようと、歌を贈っていたのだから、この「男」も「あてなる男」でなく、敏行である。主語が変わる印がないので、「得て」の主語も「男」である。敏行が歌のやりとりの結果「女」を「得」た（＝手に入れた・自分のものにした）のだと考えることができる。

このあとの敏行の手紙には、「雨が降りそうだから逢いに行こうかどうしようか迷っている」とあって、女を手に入れたがゆえの恋心の緩（ゆる）みも見えており、この読解で間違いがないと確認できる。正解は「女」である。

問六　傍線部**2**を含む歌は敏行の手紙への返事なので、手紙の内容から見ていく。**直後に推量などの助動詞「べし」を伴う助動詞「ぬ」は、完了でなく強意**の意味だから、「雨のふりぬべき」は「雨が降ってきそうだ」の意で、雨はまだ降ってはいない。「見」は「空模様を見る」とも、「女に逢う」ともとれる。「わづらふ」は「悩む」意。「身」は「我が身・自分」なので、敏行は「雨が降りそうなので、空模様を見て、あなたを訪ねようかどうしようか、迷っている。自分が運がよければ雨は降らず、逢いに行けるだろう」と言ってよこしたのである。平安時代、雨はつらい。道はぬかるみ、牛車（ぎっしゃ）は傷む。馬や徒歩なら、びしょ濡れになる。けれども、**同居しない「通い婚」では通うことでしか愛情を示せない**のだから、降り始めてもいない雨で訪問を迷う敏行に、かつての情熱はないことがわかる。

従って、「かずかずに」は敏行の恋心の緩みに抗議する歌なのである。手紙の「身（＝敏行）」を女からの「身（＝女）」に読み替えて、「あれこれとあなたが私を愛しているのかいないのか尋ねるのは難しいので、私が不幸だと知っている雨が降りまさってそれを教え、あなたは来ず、私の涙の雨も降りまさる」と言い募（つの）ったのである。**男が通わない「身」は不幸だ**とわかることがポイントである。この歌は敏行がⅠの歌などを贈った末に女を手に入れ、のちに訪問をためらう場面で詠まれている。**ウ**は敏行の愛情を全否定している点が誤りで、正解は**エ**である。

敏行はこの歌に応えるため、びしょ濡れになってやってくる。けれども、実はこれは女でなく、あるじの男が詠んだ歌なのである。

コラム

古文読解のための背景知識⑥

本文はいくつかの「古文常識」を踏まえている。その一つは、敏行は女に歌を贈って求婚したということである。「常識」なので本文には「よばひ」とだけあり敏行の歌も書かれていない。女がこの恋のやりとりに参加できるよう、主人が返歌を作ってやった。その歌は、巧みな言葉でより多くの愛情を要求している。これは主人の歌人としての腕なのだが、同時に当時の贈答歌の約束事でもあった。男はあらん限りの言葉を尽くして女に「逢う」ことを求め、女は「疑い、はぐらかし、突き放す」。こんなやりとりが繰り返されて男女が結ばれると、主導権は男に移ってしまう。「一夫多妻・通い婚」の時代（異説もあるが、要するに男女が同居しないことが多く、男子が性的に自由であった時代である）、女はいったん男を受け入れてしまえば、あとはひたすら男の通いを待つしかない。

「あてなる男」は、そんな時代に、いっとき、自分が召し使う女の肩をもって、敏行をじらし、困らせ、恋心の緩みをとがめもするのである。そこにこの話のおもしろさはある。

現代語訳・文法要点 ⑥ 昔男のいたずら―恋の仲立ち（『伊勢物語』）

問題⇨本冊48ページ

昔、あてなる男ありけり。その男（＝あてなる男）のもとなりける人を、内記にありける藤原の敏行といふ人よばひけり。されど

1 昔、高貴な男がいた。その男のもとにいた人に、内記であった藤原敏行という人が求婚した。**2** けれども

若ければ、文もをさをさしからず、ことばもいひしらず、いはむや歌はよまざりければ、かの（＝あてなる男）あるじなる人、

（女は）若いので、手紙もしっかり書けず、言葉の言い方も知らず、ましてや歌は詠まなかったので、その（女の）主人である人が、

案をかきて、かかせてやりけり。めでまどひにけり。さて男（＝藤原敏行）のよめる。

（返事の）下書きを書いて、（女に返事を）書かせて届けた。（敏行は）とても感心してしまった。そうして男が詠んだ（歌）。

つれづれのながめにまさる涙河袖のみひちてあふよしもなし

しみじみとした物思いにふけっていると、（憂鬱な）長雨で水かさが増して、流れる涙は河のようになり、袖ばかりが濡れて（あなたに）逢うすべはありません。

返し、例の男（＝あてなる男）、女（＝その男のもとなりける人）にかはりて、

返歌は、いつもの男が、女に代わって、

あさみこそ袖はひつらめ涙河身さへながると聞かば頼まむ

（私を思って流しているという涙の河が）浅いから袖が濡れるのでしょう。涙の河が（深くて、あなたの）身までも流れる（ほどだ）と聞いたら（あなたの愛情を）あてにしましょう（＝あなたに身を任せましょう）。

といへりければ、男（＝藤原敏行）いといたうめでて、いままで、巻きて文箱に入れてありとなむいふなる。

と言ったところ、男は本当にたいそう感心して、今まで、（その手紙を）巻いて文箱に入れているということだ。

男（＝藤原敏行）、文おこせたり。得てのちのことなりけり。「雨のふりぬべきになむ見わづらひはべる。

3 男が、手紙をよこした。（女を）手に入れてのちのことであった。「雨が降ってきそうなので（空模様を）見て（あなたの所へ行こうかどうしようか）迷っています。

身（＝藤原敏行）さいはひあらば、この雨はふらじ」といへりければ、例の男（＝あてなる男）、女（＝その男のもとなりける人）にかはりてよみてやらす。

わが身に幸運があるならば、この雨は降らないだろう」と言ってきたので、**4** いつもの男が、女に代わって歌を詠んで届けさせる。

かずかずに思ひ思はず問ひがたみ身（＝その男のもとなりける人）をしる雨はふりぞまされる

あれこれと、（私を）思っているのかいないのか尋ねるのは難しいので、（それほど愛されていない）我が身を知っている雨は（私の涙のように）どんどん降り募っております。

とよみてやれりければ、みのもかさも取りあへで、しとどにぬれてまどひ来にけり。

と詠んで届けたところ、**5**（敏行は）蓑も笠も用意する暇もなく、びっしょり濡れて慌ててやってきた。

◉表示のある活用形
- 接続助詞「ば」の接続する未然形・已然形。
- 係助詞の結びの連体形・已然形、疑問の副詞と呼応する連体形。
- 下に体言を補って解釈するとよい連体形。（体と表示。）

あらすじを確認しよう！ 解答

1 高貴な男のもとにいた女に ①藤原の敏行 が求婚した。

2 女は若くて返事ができなかったので、あるじが ②案 を書いて返事をさせたところ、敏行は感激した。

3 二人が結ばれたあと、③敏行 は愛情の緩みを見せた。

4 あるじが女の悲しみを ④雨 に寄せて詠んだ。

5 敏行は ⑤みの ・ ⑥かさ をまとう暇もなく駆けつけた。

辞書を引こう！ 解答

あてなり	（高貴だ・身分が高い）
よばふ	（求婚する・求愛する）
めづ	（感心する・感嘆する）
頼む	（頼る・あてにする）
おこす	（よこす・こちらへ送ってくる）

牛の皮（『十訓抄』）

問題⇩本冊52ページ

解答

問一 A (例)うそ／偽り　B (例)ふるえる　C (例)例／先例／前例
D (例)思慮

問二 b・d・e（順不同）

問三 イ

問四 X 定綱朝臣（4字）　Y 仏師なにがし（6字）
Z をこのもの（5字）

問五 こやつは必ず冥加あるべきものなり。

問六 Ⅰ 院政　Ⅱ 後拾遺　Ⅲ 金葉

要旨 九重の塔の金物を牛の皮で作ったというので、修理をした定綱朝臣が罰せられるという。白河院がある仏師に事実の確認を命じたが、仏師は高所を恐れて塔の途中から下りてきた。院は笑って、この件は沙汰止みになった。世間では仏師を愚か者だと言ったが、顕隆卿だけは、仏師は自分が笑いものになることで定綱が罰せられないようにしたのだ、とほめた。

文学史 『十訓抄』 鎌倉時代の説話集。六波羅二﨟左衛門入道編とされるが未詳。十の教訓を掲げ、それぞれに関連する説話を配置する形式で書かれている。

問一 A「そらごと」の「そら」は「空」で、空疎であてにならないこと、本物でないことを表す。**「そらごと」**は**「うそ・偽り」**の意。B**「わななく」**は**「ふるえる」**意。C**「ためし」**は**「例・先例・前例」**の意。試みることではない。A〜Cは重要語だが、Dはそうではない。文脈から「思ひ計り・思ひ量り」などの漢字を当ててみることができるとよい。「思ふ（＝考える）」＋「はかる（＝予測する・計量する）」で、「あれこれ考えること・考えをめぐらすこと・思慮」の意である。

問二 敬語動詞は基本的な語30ほどを覚えればよいが（⇩「おもな敬語動詞一覧」本冊118ページ）、複数の意味・用法を持つものは注意が必要である（⇩**文法ガイド**⑧本冊59ページ）。中でもa**「聞こゆ」**はもともとは敬語ではない。

> **聞こゆ** ❶聞こえる。自然と耳に入ってくる。
> ❷有名だ。評判だ。
> ❸「言ふ」の謙譲語。申し上げる。
> ❹謙譲の補助動詞。お〜申し上げる。お〜する。

❶の意から、❷の意になり、貴人に対しては直接ものを言うのは失礼だとされたので、自然と耳に入るように言うところから、敬語❸になり、❹としても用いるようになった。本文では、誰かが誰かに言う場面ではないので敬語ではない。ちょっとした事件についての話なので、❶より❷の訳がよい。敬意の対象を特定できないことからも敬語ではないとわかる。

b**「奏す」**は**天皇**に対して**「言ふ」意の謙譲語**。（退位した天皇である上皇や法皇に対しても用いられた。）相手は必ず天皇なので、「帝に奏す」とは書かれないことが多いが、補って訳すとよい。（本文では、院が自分を受け手として「奏す」を用いて、**自敬表現**になっている。）

c**「仰す」**は**「言ふ」の尊敬語（＝おっしゃる）**。

d**「承る」**は**「受く」の謙譲語（＝お受けする）**。

e「奉る」も要注意で、もともと謙譲語だが、尊敬の用法もある。

> **奉る** ❶「与ふ」の謙譲語。差し上げる。
> ❷謙譲の補助動詞。お〜申し上げる。お〜する。
> ❸「食ふ・飲む・着る・乗る」の尊敬語。召し上がる。お召しになる。お乗りになる。

身分の高い人に何かを差し上げる❶がもとの意味で、❷としても多く用いる。また、❶の動作を受け取った貴人がそれを飲食などするところから❸の意が生じた。本文では動詞の下で用いられているので、謙譲の補助動詞である。

f「侍り」も要注意である。

> **侍り** ❶「仕ふ（あり・居り）」の謙譲語。お仕えする。
> ❷「あり」の丁寧語。ございます。あります。おります。
> ❸丁寧の補助動詞。〜ございます。〜ます。〜です。

もとは❶だが、仕える相手や場所が書かれていない時には、存在を表す❷だと考えられる。❸の用法もある。本文では「心地も」に続いているので、「あり」の丁寧語である。

g「聞こしめす」は**「聞く・飲む・食ふ」の尊敬語（＝お聞きになる・召し上がる）**である。

この問いでは、まず、謙譲の意味しか持たないb・dを選び、謙譲を含めた複数の用法を持つa・e・fについて、文脈から検討するという手順を踏む。謙譲語はb・d・eである。

問三 対照的な色である「黒」と「白」が本文中で何を指すのかを読み取る、読解の設問である。本文を冒頭から見ていこう。

最初の登場人物は「白河院」。「院」は、**天皇の位から下りた「上皇」**や、**「上皇」が出家した「法皇」**を敬って呼ぶ語なので、「白河院」はかつての白河天皇である。この時に九重の塔の金物を牛の皮で作ったという噂が広まる。なぜそんなことをしたかは書かれていないが、本来使うべき素材を使わず、「金物」を「牛の皮」で作ったのだから、問題である。

「ことにあふ」という表現は具体的な意味を表さないが、問題の修理を担当した「定綱朝臣」が「ことにあふ」のだから、「大変なことに合う」つまり「罰せられる」といった意だとわかる。

ここで「仏師なにがし」が登場し、直後に「召す（＝「呼ぶ」の尊敬語）」が続く。「仏師」は「仏像を作る人」で、平安時代、身分は高くない。文脈とあわせて考えると、ここは「院が仏師をお呼びになった」と読むのが正しい。この院の命令に「まこと、そらごとを見て」こい、とあるので、院が仏師に事実の確認を命じたとわかる。

続く「承る」は「受く」の謙譲語なので、主語が仏師に変わったと読める。ここから「色を失ひて」まで尊敬語は用いられず、命令を受けた仏師が、塔に上り、途中から下りてきて、泣きながら、「黒白も見分けられない」と言ってふるえるという文脈である。「黒白」は「九重の塔の金物を牛の皮で作ったという噂が事実か否か」の意だとわかる。正解は**イ**である。

問四 本文8行目に「時人」とあり、「、」が打たれて主語になっている。当時の人々は、院の命令を受けながら、恐怖心から目的を果たせなかった仏師を愚か者だと評したのである。「ける」は過去の助動詞「けり」の連体形で、ここでは準体法になっている（⇩**入門編③本冊14ページ**）。「顕隆卿」のあとには「が」が補えるので、直後のカギカッコの中が顕隆卿のこの事件に関する考えである。

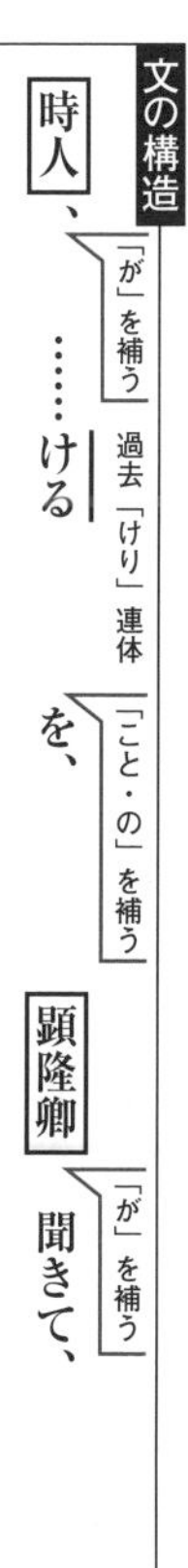

「こいつは神仏の加護を受けるものだ」は、時人とは正反対の評価で、次に

理由が述べられる。「罪」は、現代語と同じ「罪」の意の他に、罪を犯した結果受ける「罰」の意もある。前の「罪」は「罰」、後は「罪」の意である。「人の罪蒙る」は「人が罰を受ける」と考えるべきで、「人」は「定綱朝臣」を指す。仏師が、金物が牛の皮であると報告すれば、定綱が罰せられる。それを罪深いことだと考えて、仏師は高所におびえたふりをし、自らが笑いものになって、ことの真偽をうやむやにしたというのである。

X **「朝臣」は敬称**なので、「定綱」だけでなく「定綱朝臣」と答えるのがよい。Y「なにがし」は人や物事の名前がはっきりしない時や、言う必要がないと考えられた時に用いる語。作者は仏師が誰なのかには主眼を置いていないため、こう言った。本文を読む際には「仏師なにがしといふもの」を登場人物として押さえ、設問では七字以内と指示されているので、「仏師なにがし」と答えるのがよい。Z **「をこ」**は**「ばか・愚か」**の意。「となることで」につながるよう、「をこのもの」と答えるとよい。

問五「まことに」は「本当に」の意。作者が誰のどんなことに共鳴して「まことに」といったのかを読み取ればよい。

「久し」は時間が**「長い」**意。「君」は「主君」で、本文では「白河院」のことである。「ことなかり」は形容詞「事無し」の補助活用の連用形で、「何事もない・何の問題もない」意。この一文は「本当に長く院にお仕えして、何事もなかった」と訳すことができ、「仏師なにがし」が何かをやりそこなったり、御機嫌をそこねたりすることもなく、院に長く仕えることができたと評価したものである。作者は、「顕隆卿」の「仏師なにがし」への評価に共鳴し、「まことに」そうだった、と追認しているのである。顕隆が仏師を高く評価した一文は「こやつは必ず冥加あるべきものなり。」である。

問六 上皇や法皇が、天皇以上の強い権勢を持って政治を行う形態が**「院政」**で、これを最初に行ったのが白河院である。白河院は堀河・鳥羽・崇徳天皇の三代四十三年間にわたって院政を行った。

白河院はまた四番目と五番目の勅撰和歌集の撰集を命じている。勅撰和歌集は全部で二十一集編纂され、はじめの三つを**「三代集」**、それを含むはじめの八集を**「八代集」**という。八代集は平安前期から鎌倉初期にかけて選ばれた、①**古今和歌集**・②**後撰和歌集**・③**拾遺和歌集**・④**後拾遺和歌集**・⑤**金葉和歌集**・⑥**詞花和歌集**・⑦**千載和歌集**・⑧**新古今和歌集**である。成立の順番を覚えておくとよい。

勅撰集の撰集は、和歌への関心の強さだけでなく、自らの威信表明のためにも行われた。絶大な権力を持っていた白河院は二つの勅撰集を編ませたのである。

コラム

古文読解のための背景知識⑦

本文は、寺院の塔の金物を牛の皮で作るのは絶対に許されないことだ、ということを前提に書かれている。これは、日本の古代仏教の、殺生を嫌い、生き物すべてに仏性を認めて哀れむという考えによる。（願い事をするのに生け贄を捧げる宗教もあるし、人間とそれ以外の生き物にはっきりとした区別を設ける宗教もある。仏教はそれとは異なった。）そのため、僧侶は肉食を禁じられていた。体調を崩した僧が養生のために魚を食べようとして信者に見咎められると、魚が法華経に変わった話（『日本霊異記』）や、お腹をこわし栄養をつけて養生したい僧正が、「魚を食べさせてくれ」と言うことははばかられるので、関白に「経典を収める蔵が壊れたから修理してほしい」という言葉で魚食の許可を求める話（『十訓抄』）も、同様の背景によっている。現代の日本で、仏教が肉食を禁じることは一般的にはない。古文の中の仏教は現代とは違う点が多い。

仏教のありようと、社会の受容の仕方が大きく変わったことは、「古文常識」の中でも重要なものの一つである。

現代語訳・文法要点 ⑦ 牛の皮（『十訓抄』）

問題⇨本冊52ページ

白河院の御時、九重の塔の金物を、牛の皮にて作れり（完了）といふこと、世に聞こえて、**修理したる人**、**定綱朝臣**、ことにあふべき由、聞こえたり。**仏師なにがしといふもの**召し（「呼ぶ」尊）て、「たしかにまこと、そらごとを見て、ありのままに奏せよ（天皇に「言ふ」謙（自敬表現））」と仰せ（「言ふ」尊）られ（尊敬）けれ（過去・已）ば（順接確定）、承り（「受く」謙）て、上りけるを、なからのほどより（起点）、帰り下りて、涙を流して、色を失ひて、「身のあれ（ラ変・已）ば（順接確定）こそ（強意(↓)）、**君**（＝白河院）にも仕へ奉れ（謙・補 ラ四・已(↑)）。肝心失せて、黒白見分くべき（可能）心地も侍らず（「あり」丁）」といひもやらず、わななきけり。**君**（＝白河院）、聞こしめし（「聞く」尊）て、笑はせ（尊敬）給ひ（尊・補）て、ことなる沙汰なくて、やみにけり。

1 白河院の御代に、（法勝寺の）九重の塔の金物を、牛の皮で作ったということが、世間で噂になって、2 修理を担当した人である、定綱朝臣が、罰せられるにちがいないということが、噂になっていた。3（白河院は）仏師のなんとかという者をお呼びになって、「（この噂が）間違いなく本当か、嘘かを見て、ありのままに申し上げよ」と命令なさったので、4（仏師は）お引き受けして、（塔に）上ったが、真ん中のあたりから、戻って下りてきて、涙を流して、青ざめて、「我が身が無事であるからこそ、院にもお仕え申し上げるのです。正気がなくなって、真偽を見分けることができそうな気持ちもありません」と最後まで言うこともできず、震えていた。院は、お聞きになって、お笑いになって、特別な処分もなくて、終わってしまった。

かの**韋仲将**（いちゅうしょう）が、凌雲台（りょううんだい）に上りけむ（過去の伝聞・婉曲）心地も、かくや（疑問(↓)）ありけむ（過去推量・体(↑)）とおぼゆ。

あの韋仲将が、凌雲台に上ったとかいう気持ちも、このようであったのだろうかと思われる。

時人、いみじきをこのためしにいひける（過去・体）を、**顕隆卿**聞きて、「**こやつ**（＝仏師なにがし）は必ず冥加あるべきものなり（断定）。**人**の罪蒙るべきことの、罪を知りて、みづから、をこのものとなれる（完了・体）、やんごとなき思ひはかりなり（断定）」とぞ（強意(↓)）ほめ（尊敬）られ（過去・体(↑)）ける。まことに久しく**君**（＝白河院）に仕へ奉り（謙・補）て、ことなかりけり。

5 当時の人が、（この仏師のことを）ひどく愚かな例だと言ったのを、顕隆卿が聞いて、「こいつは必ず神仏のご加護があるにちがいない者だ。人が罰を受けるはずのことの、（きっかけに自分がなることの）罪深さを知って、自分自身が、愚か者となったのは、すぐれた思慮である」とおほめになった。本当に（その仏師は）長く院にお仕えして、何事もなかった（＝何の問題もなく勤めることができた）。

◉表示のある活用形
- 接続助詞「ば」の接続する未然形・已然形。
- 係助詞の結びの連体形・已然形、疑問の副詞と呼応する連体形。
- 下に体言を補って解釈するとよい連体形。（体と表示。）

あらすじを確認しよう！ 解答

1 九重の塔の金物を①牛の皮で作ったという噂（うわさ）が立った。
2 修理をした②定綱朝臣が罰せられるという評判であった。
3 白河院が③仏師なにがしに事実の確認を命じた。
4 ③仏師なにがしは恐くて見られないと、塔の④なからから下りてきた。
5 ⑤時人は仏師を愚か者と言ったが顕隆卿は仏師をほめた。

辞書を引こう！ 解答

聞こゆ（評判になる・噂になる）
失す（なくなる）
をこ（ばか・愚か）
ためし（例・前例・先例）
やんごとなし（とうとい・格別だ）

基礎演習編 8 月にはのぼる（『十訓抄』）

問題⇩本冊56ページ

解答

問一　A (例)何年も／長年　B (例)一晩中／夜通し　C (例)どうして
問二　エ
問三　ウ
問四　X イ　Y オ
問五　エ
問六　ア

要旨　菅三位が亡くなったあと、人々が邸の跡につどって月をめでた。漢詩を朗詠した時に、卑しげな老尼に誤りを指摘されて、人々は恥じ入った。「藪に剛の者」ということわざの通り、身分の低い者も侮ってはならないのであった。

文学史　『十訓抄』鎌倉時代の説話集。六波羅二臈左衛門入道編とされるが未詳。十の教訓を掲げ、それぞれに関連する説話を配置する形式で書かれている。

問一　A「年ごろ」は「**長年・何年もの間・数年間**」などと訳す古今異義語である。（現代語では「適齢期」「ある傾向になりやすい年齢」の意。「**月ごろ**（＝**何か月もの間・数か月間**）」、「**日ごろ**（＝**何日もの間・数日間**）」と併せて覚えるとよい。）ただし、「何年もの間」という訳は、本文の「年ごろ経て」にはうまく当てはまらない。記述の設問では、言葉の意味を正しく訳出すると同時に、本文に当てはまる訳を心がけよう。

B「夜もすがら」は「**一晩中・夜通し**」の意。「**ひねもす**（＝**一日中・朝から晩まで**）」と対にして覚える。

C「なじかは」は「どうして」の意で、疑問または反語の意味で用いる。本文では反語の意である。

問二　敬語動詞の覚え方にはコツがある（⇩**文法ガイド**⑧本冊59ページ）。尊敬と謙譲、謙譲と丁寧というふうに複数の用法を持つ特殊な語は、特に注意して覚える必要がある。

中でも特殊なものが「給ふ」である。尊敬語と謙譲語があり、補助動詞の用法もある。さらに、尊敬と謙譲では活用の仕方が異なる。

文法　「給ふ」の見分け方

◉尊敬「給ふ」＝｛「与ふ」の尊敬語（お与えになる）／尊敬の補助動詞（お～になる・～なさる）｝

▼ハ行四段活用

未然形	連用形	終止形	連体形	已然形	命令形
給は	給ひ	給ふ	給ふ	給へ	給へ

◉謙譲「給ふ」＝謙譲の補助動詞（～ます）

▼ハ行下二段活用（＊命令形はなく、終止形もほとんど用例がない。）

未然形	連用形	終止形	連体形	已然形	命令形
給へ	給へ	（給ふ）	給ふる	給ふれ	○

補助動詞の用法

◉尊敬「給ふ」
①様々な動詞に付く。
②様々な文章の中で使われる。
③様々な主語の動作に付く。
④「お〜になる・〜なさる」と訳す。
⑤複合動詞に付く時は、あとに付く。
例 思ひ知り給ふ

◉謙譲「給ふ」
①ほぼ「**思ふ・見る・聞く・知る**」**のみに付く。**
②会話文など、**カッコの中でのみ使われる。**
③会話の話し手など、その人自身の動作にのみ付く。
④「〜ます」と訳す。
⑤複合動詞に付く時は、間に割って入る。例 思ひ給へ知る

補助動詞の時には前に動詞などが来るので、本動詞か補助動詞かはすぐにわかる。尊敬か謙譲か見分けにくいのは補助動詞の時である。

まず覚えておくとよいのは、**謙譲**は、ほぼ「**思ふ・見る・聞く・知る**」に**しか付かない**ということである。直前がこれ以外の語なら尊敬である。次に、これらの四語に付く「給ふ」は尊敬・謙譲両方の可能性があるので、四段活用か下二段活用かを確認する。

二重傍線部は「思ひ給ふる」で、「思ひ」に付いており、「給ふる」は下二段活用の連体形なので、謙譲である。

選択肢のうち、**ア**は直前が「仰せ言」、**イ**は直前が「大夫をぞ」なので、傍線部は本動詞である。**ウ・エ・オ**は直前が動詞なので補助動詞だが、**ウ**は「さぶらひ」、**オ**は「かへり」という動詞に付いているので、尊敬である。**エ**だけが「思ひ」に付いているので、これが正解だとわかる。（「給ふる」という形は下二段活用にしかないことからも、謙譲だとわかる。）

二重傍線部は尼の発話にあるので、主語は尼自身で、訳は「私が思いますことは」。ここから尼が自分の考えを述べようとしている場面である。

下二段活用の「給ふ」は頻繁に使われる語ではないので、「給ふ」が現れる度に謙譲かもしれないと考える必要はない。使われる場面も限定されており、一般的な意味での謙譲語ではない。丁寧語とする説もあるが、尊敬語ではないとわかればよい。

参考までに各選択肢の訳を付けておく。

ア 紀伊守（かみ）にご命令を下しなさると、（紀伊守は）お受け申し上げつつ退出して
イ 御使いとしては、あの大蔵の大夫をお遣（や）りになった
ウ 女御（にょうご）、更衣（こうい）が大勢お仕えなさっていた中に
エ 御心をも悩まし申し上げるのだろうかと思います
オ ふるの滝をご覧になりにいらっしゃって、お帰りになった時に詠んだ

問三 「説明」の設問も、傍線部を訳してみることから始めるのが原則である。

傍線部**1**は「この詩は、及ばない耳にも間違いを歌っていらっしゃるなあ、と聞いております」と直訳できる。「おはします」は尊敬語で、「侍（はべ）れ」は丁寧語なので、これをヒントにして主語を考える。会話の話し手は尼なので、尊敬語が付いている「詠じおはします」の主語は会話の相手の「人々」、尊敬語のない「聞き侍れ」の主語は尼自身であろう（⇩**入門編⑤A❷**本冊17ページ）。だとすれば「及ばぬ耳」は「聞き」の主語と同じ尼の耳だと考えられる。「及ぶ」は「ある程度のレベルに達する」意で、「及ばぬ耳」は、尼が自身をへりくだって「普通のレベルにも及ばない私の愚かな耳」の意で言ったのである。「**僻事**（ひがこと）」は「**間違い・誤り**」の意。傍線部**1**は「この詩は、普通のレベルにも及ばない私の愚かな耳でも、あなた様方は間違ったことを歌っていらっしゃるなあ、と聞いております」ということである。この意を正しく捉えた正解は**ウ**である。

ア 私ごときが貴人の遊宴の座に連なるべきではない、と言っている。 ×本文に書かれていないことなので誤り
イ 教養がない私は、この詩句の意味を誤解していた、と言っている。 ×尼は「人々」が間違えていると言っているので誤り
ウ 愚かな私にも、詩句が間違っていることはわかる、と言っている。⇩◯

エ あなた方はもっと研鑽して この詩を正しく理解すべきだ、と言っている。
×本文に書かれていないことなので誤り

オ あなた方は、故三位の詩心を理解するには至っていない、と言っている。
×本文に書かれていないことなので誤り

問四 本文では、人々が朗詠した**X**について、尼が誤りを指摘して**Y**を示すと、人々も納得して恥じ入っているので、**X**は間違った詩句で、**Y**が正しい詩句だと考えられる。**問二**で見た通り、「思ひ給ふるは」は「私が思いますことは」と訳すことができる。続く「月はなじかは楼にはのぼるべき」が尼の主張だから、これを訳してみるのがよい。

「なじかは」は**反語**の用法で、これは「月はどうして楼にはのぼることができるだろうか、いや、そんなことはできない」と訳せる。尼は、人々の詠じた**X**を、「月が楼にのぼるわけはないのだから、間違いだ」と主張しているのである。**X**の正解は「月が高殿にのぼる」意の**イ**である。

Yでは「月は」が「月には」と修正されている。時や場所などを表す格助詞「に」を加えれば「のぼる」のは月ではあり得なくなる。「月見」「名月」「観月（かんげつ）」などの言葉がある通り、古来、人が月をめでてきた風習を考えれば、「月には」は「月の美しい晩には」の意で、楼に「のぼる」のは月を見る人である。**Y**の正解は**オ**である。

問五 まず「剛」という字の意味を考えてみよう。「剛」は現代語では「ごう」と読み、「剛力（ごうりき）（＝力が強い）」、「剛胆（ごうたん）（＝度胸が据わっている）」、「質実剛健（しつじつごうけん）（＝飾り気がなく、まじめで強くてたくましい）」などと用いる。どれかを知っていれば、「剛」は「硬くて強い」ことで、**「藪に剛の者」**は「草が深く茂った所に武勇に優れた強い者がいる」こと、つまり**「思わぬ所に優れた者がいるから、油断するな」**の意である。

本文では、年老いてみすぼらしげな尼が、教養を誇る貴族たちの誤りを指摘して恥じ入らせるのだから、「剛の者」は尼のことである。

問六 本話の要は予想もしない相手にやり込められるということである。

アの「人倫」は「人としての道」または「人」の意で、**ア**は「人をばかにしてはいけないこと」の意。正解は**ア**である。

イはそのまま「友を選ばなければならないこと」の意。友は近くにいて、よいにつけ、悪いにつけ、影響を与えるものだからである。

ウの「懇望」は「願望」の意で、**ウ**は「願望を持つべきではないこと」の意である。むやみな願いや欲望は不幸のもとだからである。

エの**「人の上」**は**「他人の身の上・他人に関すること」**の意の熟語で（**「その人自身に関すること」**の意の**「身の上」**と対になる）、それを「誡（いまし）める（＝注意する・咎（とが）める）」のだから、**エ**は「他人の身の上についてあれこれ言ってはならないこと」の意。口は禍（わざわい）のもと、というのである。

オはそのまま「他の人に恩恵を施すべきこと」の意である。

コラム
古文読解のための背景知識⑧

出家して仏道修行する男性が「僧」、女性が「尼」である。では、文中の尼は何者だろうか。注にある「物張り」は、貴族の装束をほどいて、布にして洗い、糊付（のりづ）けして板に張って乾かし、また仕立てることで、こうした実務を担うのは召使いの中でも低い身分の者である。そんな者が主人を喪（うしな）い、老いて尼となったが、漢字なども読めまい。経文（きょうもん）も聞き覚えて読んだのだろうか。家も家族もなかったかもしれない。来世の安楽を願う気持ちも強かったろう。尼姿（「僧形（そうぎょう）」という）なら、人々の哀れみも得やすい。「老いて頼りどころもないため出家する」、古い時代の仏教にはそんな懐の深さもあった。そして、そんな尼と貴族たちの身分差は圧倒的である。誤りを指摘された貴族が恥じ入るのは当然であった。

現代語訳・文法要点 ⑧ 月にはのぼる（『十訓抄』）

問題⇨本冊56ページ

1 二条よりは南、京極よりは東は、菅三位の亭なり。三位失せてのち、年ごろ経て、月の明き夜、さるべき人々、旧き跡をしのびて、かしこに集まりて、月を見てあそぶことありけり。終はりがたに、ある人、

二条大路からは南、京極大路からは東は、菅三位（＝菅原文時）の邸である。三位が亡くなってのち、何年も経って、月が明るい夜、しかるべき人々が、昔の名残を慕って、あそこ（＝菅三位の邸）に集まって、月を眺めて詩歌管弦を楽しむことがあった。**2** 終わり頃に、ある人が、

月はのぼる百尺の楼

月はのぼる百尺の楼

と誦しけるに、人々、音を加へて、たびたびになるに、あばれたる中門の、かくれなる蓬の中に、老いたる尼の、よにあやしげなるが、露にそぼちつつ、夜もすがら居りけるが、「今夜の御遊び、いといとめでたくて、涙もとまり侍らぬに、この詩こそ、及ばぬ耳にも僻事を詠じおはしますかな、と聞き侍れ」といふ。

と朗詠したところ、人々が、声を加えて、（この詩の朗詠が）たびたびになるうちに、荒れ果てた中門の、物陰にある蓬（よもぎ）の中に、年老いた尼で、非常にみすぼらしい様子の尼が、夜露に濡れながら、一晩中座っていたが、「今夜の御遊宴は、とてもとてもすばらしくて、涙も止まりませんが、この漢詩は、至らない（私の）耳にも間違ったことを吟じていらっしゃるなあ、と聞いております」と言う。

3 人々笑ひて、「興ある尼かな。いづくのわろきぞ」といへば、「さらなり。さぞおぼすらむ。されど思ひ給ふるは、月はなじかは楼にはのぼるべき。『月にはのぼる』とぞ故三位殿は詠じ給ひし。おのれ（＝尼）は御物張りにて、おのづから承りしなり」といひければ、恥ぢて、みな（＝さるべき人々）立ちにけり。

人々は笑って、「おもしろい尼だなあ。どこが悪いのか」と言うと、（尼は）「もちろんです。そうお思いになっているでしょう。けれども（私が）思いますことは、月はどうして楼に登ることができましょうか（いえ、できません）。『月にはのぼる』と故三位殿は吟じていらっしゃいました。私は（故三位殿の）御物張りで、（三位殿が吟じるのを）たまたまお聞きしたのです」と言ったので、（人々は）恥ずかしがって、皆（席を）立ってしまった。

4 これは、すすみて人を侮るにはあらねども、思はぬほかのことなり。これらまでも心すべきにや。「藪に剛の者」といへる児、女子がたとへ、旨をたがへざりけり。

これは、進んで人を侮るのではないけれども、思いがけないこと（＝思いがけず人を侮る結果になってしまったこと）である。こうしたことまでも用心するべきであろうか。「藪に剛の者」といった子供や、女子のたとえは、間違っていなかった。

◉表示のある活用形
- ・接続助詞「ば」の接続する未然形・已然形。
- ・係助詞の結びの連体形・已然形、疑問の副詞と呼応する連体形。
- ・下に体言を補って解釈するとよい連体形。（㊍と表示。）

あらすじを確認しよう！ 解答

1 菅三位が亡くなったあと、①月が明るい晩に人々が②亭の跡につどった。**2** 詩を誦していると、尼が「③僻事がある」と指摘した。**3** 人々は初め笑ったが、指摘が正しかったので④恥ぢて席を立った。**4**「藪に剛の者」という⑤たとへはその通りである。

辞書を引こう！ 解答

- 失す（亡くなる・死ぬ）
- あやしげなり（みすぼらしい様子だ・いやしく見える）
- めでたし（すばらしい）
- さらなり（言うまでもない）
- 心す（注意する・気をつける）

基礎演習編 9 旅には出たけれど（『平中物語』）

問題⇩本冊60ページ

解答

問一 b
問二 A ア　B エ　C オ
問三 イ
問四 ③
問五 ウ
問六 エ

要旨 男が自分を恨む人に嫌な噂を立てられて、旅に出た。ひそかにつきあっている女に出立を告げると恨み言を言われた。長洲の浜に着いて遊ぶうちに都が恋しくなり、また女に手紙をやると恨み言を言われたので、男は早々に都に戻った。

文学史 **『平中物語』** 平安時代の歌物語。作者不詳。「平中（＝平貞文・定文）」を思わせる人物を主人公とした恋の物語三十八段からなる。
「歌物語」は和歌を中心とする短編物語集で、平安時代に、『伊勢物語』→『大和物語』→『平中物語』の順に成立した。このうち、『伊勢物語』は在原業平、『平中物語』は平貞文を思わせる一人の人物をモデルとする点が共通している。

問一 「る・れ」の識別のポイントは、完了・存続の助動詞「り」か、受身・可能・自発・尊敬の助動詞「る」かを見分けることである。

◉完了・存続の助動詞「り」

基本形	未然形	連用形	終止形	連体形	已然形	命令形
り	ら	り	り	る	れ	れ

▼サ変の未然形・四段の已然形（命令形）に接続する。

◉受身・可能・自発・尊敬の助動詞「る」

基本形	未然形	連用形	終止形	連体形	已然形	命令形
る	れ	れ	る	るる	るれ	れよ

▼四段・ナ変・ラ変の未然形に接続する。

接続の音の違いに注目してわかりやすい形にすると、次のようになる。

文法 「る・れ」の識別法
助動詞「り」の直前 ——→ 必ずエ段音
助動詞「る」の直前 ——→ 必ずア段音

直前の音を見て、答えの見当を付け、接続を確認するという手順でやるとよい。
二重傍線部の直前は「け」という**エ段音**で、「あためけ」はカ行四段動詞「あためく」の已然形なので、この「る」は完了の助動詞「り」の連体形である（文中での意味は存続）。エ段音に付いているのはb・cで、cは「ける」で過去の助動詞の一部なので、正解はbである。接続を確認すると、「いへ」はハ行四段活用の動詞「いふ」の已然形である。
（aは受身の助動詞「る」の連用形、dは自発の助動詞「る」の連用形、eはヤ行下二段活用の動詞「見ゆ」の連体形の一部である。「あためく」は「春めく・時めく・なまめく」などと同じく、「あた」に**「〜のようになる」**意の**「めく」**が付いた四段動詞である。似た意味の動詞に「あたむ」があり、「あためける」は「あため／ける」と分けられるようにも見えるが、「あたむ」は四段活用、「けり」は連用形接続で、接続が合わないので誤りである。）

問二 **A**「**そらごと**」は「**嘘**」の意である。「**作りごと・いつわり**」と訳してもよい。正解は**ア**である。（「はかない」という語は現代語にもあるが、古語の「はかなし」の方が表す意味が広い。無益で頼りない感じを言うので、「はかない（＝消えやすい・不確かだ）」で合わない時には、何について「はかなし」が使われているかによって、「**頼りない・あっけない・無益だ・たわいもない・ちょっとしたことだ**」などから訳を考えるとよい。）

B「**いかで**」は「**どうして**」の意で**疑問**や**反語**を表す。「**どうしても・どうにかして**」と訳して、**願望**も表す。旅に出る理由を述べた歌なので、「いかで」は願望の用法、「じ」は打消意志の意である。正解は**エ**。

C「**まかりまうし**」は「**別れの挨拶をすること・暇乞い**」の意で、正解は**オ**である。（「**まかる**」は**貴所から**「**出づ**」**意の謙譲語**、「まうし」は「申す」の名詞形。これが複合した「まかりまうし」は、地方官が任地に行く時に宮中で辞去の挨拶をする意から、広く「別れの挨拶」の意になった。）

問三「**同音異義語を用い**」、「**掛けられた二つの言葉が文中で意味を持つ**」という**掛詞**の原則を思い出そう（⇩**文法ガイド⑨**本冊63ページ）。それを満たすのは、嫌なことを「流す」と、出かけていく先の地名「長洲」の掛詞となる「ながす」しかない。正解は**イ**である。（「とも」を「共」と「友」、「供」などの掛詞とするのは、「友」「供」が文中で意味をなさないので誤りである。また、「思ひ」の「ひ」に「日」や「火」を掛けることはよくあるが、やはり「日」や「火」がここでは意味をなさないので誤りである。掛詞かどうか迷ったら、**二つの意味を訳出できるかどうか**、また、**縁語を構成しているかどうか**、確認しよう。どちらでもなければ、同音異義でも掛詞ではない。）

地名は掛詞になりやすいということも知っておくとよい。「**逢坂**」（「逢ふ」と掛詞）・「**明石**」（「明かし」と掛詞）・「**近江**」（「逢ふ身」と掛詞）・「**住吉**」（「住み良し」と掛詞）など、たくさんある。

問四 順番に人物を整理して、この「女」が誰なのかつかもう。本文冒頭で「男」が妙な噂を立てられたことを嫌って旅に出た。その時「しのびて、知る人」に旅立ちを告げた。これは直訳すると「人目を忍んで、知っている人」だが、「**こっそりつきあっている女**」**を言う婉曲表現**だと気付きたい。男は、この女から一人で旅立つことを恨まれて、女を誘うような歌を詠むが、人目を忍ぶ仲の恋人と出かけられないのは、互いにわかってのことである。

浜辺に着くと、すぐに都が恋しくなって、泣き言を言ってやった相手が、「京の、かのまかりまうしせし人」である。「**かの**」**は**「**あの**」**の意で、既出のものを指し**、「まかりまうし」は**問二C**で見た通り「暇乞い・別れの挨拶」だから、この人と「しのびて、知る人」は同じ人である。この男の恋人だから、傍線部**1**の「女」も同一人物だと考えられる。**C**の前に「京の」とあるので、女がいるのは都である。これは、女の歌の内容とも矛盾しない。正解は③である。

問五 助詞「し」「ば」、助動詞「ぬ」に注意して、傍線部を訳してみよう。

「し」は強意の副助詞で、直前を強めるが無理に訳さなくてよい。接続助詞「**ば**」は「あれ」（ラ変動詞「あり」の**已然形**）に付いているので、順接確定条件で「**ので**」と訳せる（⇩**文法ガイド⑥**本冊51ページ）。

「**ぬ**」**は打消と完了があるので、常に注意を払う必要がある。**直前の動詞「干」は上一段活用で未然形と連用形が同形なので、接続からは識別できない。あとの現在推量の助動詞「らむ」が終止形接続なので、「ぬ」は終止形で、完了と決まる（打消の「ぬ」は連体形である。⇩**文法**「**ぬ・ね**」**の識別法** 別冊19ページ）。傍線部**2**の直訳は「葦火をたく小屋があるので、きっと乾いているだろう」だが、これでは何が言いたいのかわからないので、上の句を見る。

「なぎさなる」の「なる」は存在の助動詞。「**袖・袂**」**に水に関する表現が付く**と「**涙・泣く**」の意を表す（袖を濡らす＝泣く、袖の露＝涙、など色々な形で使う）。男が浜辺にいるので、涙を「袖」に満ちる「潮（＝海水）」と表現したのである。

歌の直訳は「渚(なぎさ)にある袖まで潮が満ちて来ても、葦火をたく小屋があるので、きっと乾いているだろう」となる。この歌が、一人で旅に出ておいて、泣き言を言ってきた男に対する、都に残された女からの返歌であることを考えれば、伝えたいことは「浜辺であなたが泣いても、乾かしてくれる人がいるので、涙は乾いているだろう」。つまり、「あなたには慰めてくれる女がいるのでしょう」と恨んでいるのである。正解は**ウ**である。

問六 **「なぜか」と問われたら、理由が書かれている部分をさがそう。**原因・理由は結果より前に書かれている可能性が高い。直前を見ると「さりければ」とある。「さり」は「さ(=そう。指示副詞)」+「あり(=〜である)」で、そこに「けれ(過去「けり」已然形)」と「ば(順接確定)」が付いた**「さりければ」**は、**「そうであったので」**の意である。「さ」の指示内容は女が歌をよこしたことで、歌意は**問五**で見た通りなので、これと合致するのは**エ**である。

コラム 古文読解のための背景知識⑨

『伊勢物語』は在原業平、『平中物語』は平貞文(=平中)という実在の人物をモデルとするが、もう一つ共通点がある。それは二人とももとは皇族だったことである。皇族は、政治的な事情や経済的な問題から、皇族の身分を離れて臣下になることがあった(「臣籍降下(しんせきこうか)」という)。源・平・在原などは、その際にもらう名字の代表である(皇族は名字を持たない)。ただ、業平は両親ともに天皇の子だが、平中は父親が桓武(かんむ)天皇の孫だから、皇統から遠い。平中の行動には『伊勢物語』の業平のような胸に迫る感じはなく(『伊勢物語』にはのちに妃(きさき)となる女性や伊勢の斎宮(さいぐう)との禁断の恋も描かれている)、関係を持つ女も中流止まりである。ぼんやりした坊っちゃん平中と、気取りのない中流の女たちのやりとりは、振ったり振られたり、浮気をしたりされたり軽やかで、『平中物語』のおもしろさはそんなところにもある。

現代語訳・文法要点 ⑨ 旅には出たけれど (『平中物語』)

問題⇨本冊60ページ

1 また、男、いささか人に、いはれ(受身)さわがるる(受身)ことありけり。そのこと、いとものはかなきそらごとを、あためける(存続)人の、作りいでて、いへる(存続)なり(断定)けり。さり(ラ変・用)けれ(過去・已)ば(順接確定)、かう(「かく」ウ音便)心憂きことと、思ひなぐさめがてら、心もやらむ(意志)と思ひて、津の国の方へぞ(強意(↓))いきける(過去・体(↑))。

1 また、男が、少し人に、噂をされ騒がれることがあった。そのことは、全くちょっとした嘘を、(男の)敵のようになっていた人が、捏造(ねつぞう)して、言っているのであった。そんな事情だったので、このようにつらいことだと、心を慰めついでに、気晴らしもしようと思って、摂津の国の方へ行った。

2 しのびて、知る人のもとに、「かう(「かく」ウ音便)てなむ(強意(↓))まかる(「行く」丁 ラ四・体(↑))。憂きことなど、慰みや(疑問(↓))する(サ変・体(↑))」といへり(完了・用)けれ(過去・已)ば(順接確定)、

2 人目を忍んで、関係を持っている人(=男の恋人)のもとに、「こんな事情で出かけます。つらいことなどが、慰むだろうか」と言ってやったところ、

●表示のある活用形
- 接続助詞「ば」の接続する未然形・已然形。
- 係助詞の結びの連体形・已然形、疑問の副詞と呼応する連体形。
- 下に体言を補って解釈するとよい連体形。(体と表示。)

世の憂きを思ひながすの浜ならば　われさへともにゆくべきものを

（あなたが行くのが）この世のつらいことを思い流すという長洲の浜であるならば、私も一緒に行くべきなのに（ご一緒することはできないのですね）。

とある返し、

とある返歌は、

憂きことよ　いかで聞かじと　祓へつつ違へながすの浜ぞ　いざかし

つらいことだよ。どうにかして聞くまいと、お祓いをしながら、災いを転じて流す、長洲の浜です。さあ、行きましょう。

とて、いにけり。

といって、旅立っていった。

3 いきつきて、長洲の浜にいでて、網引かせなど、遊びけるに、うらうらと、春なりければ、海いとのどかになりて、夕暮れになるままに、（いつの間にか思ひけむ）、憂かりし京のみ恋しくなりゆきければ、思ひながめつつ、

（摂津の国に）行き着いて、長洲の浜に出て、（漁師に）網を引かせなどして、遊んでいたところ、うらうらと、春であったので、海がとてものどかになって、夕暮れになるにつれて、いつのまに（そんなふうに）思ったのだろうか、いやだった都ばかりが恋しくなっていったので、ぼんやりと海を見ながら、

はるばると見ゆる海べをながむれば　涙ぞ袖の潮と満ちける

はるばると遠くまで見える海辺をぼんやり物思いをしながら見ていると、涙が、潮が満ちるように袖をひたしてしまったよ。

心のうちにいはれける、

心の中に自然と口をついて出た（歌）、

とぞながめくらしける。

と日暮れまで海を見て物思いにふけった。

4 さて、その朝に、さなむありしと、文に書きて、京の、かのまかりまうしせし人のもとに、いひたりける。女、

そうして、その翌朝、（昨日は）そうであったと、手紙に書いて、都の、あの暇乞いをした人（＝恋人）のもとに、言った。（その）女は、

なぎさなる袖まで潮は満ち来とも　葦火焼く屋しあれば干ぬらむ

渚にある（あなたの）袖まで潮が満ちて来る（ように涙が流れ）ても、葦火をたく小屋があ（ってあなたを慰めてくれ）るので、（あなたの涙で濡れた袖は）きっと乾いているでしょう。（あなたはそちらでいい人ができたことでしょう。）

などなむ、いひおこせたりける。**5** さりければ、久しくも長居せで、帰り来にけり。

などと、言ってよこした。そんなことであったので、（男は摂津の国に）長居もしないで、帰ってきてしまった。

あらすじを確認しよう！　解答

1 男がつまらない噂（うわさ）を立てられて①津の国へ旅に出た。

2 ②知る人に旅立ちを告げると恨み言を言われた。

3 長洲の浜で遊ぶうちに③京が恋しくなった。

4 翌朝それを②知る人に④文で告げると恨み言を言われた。

5 男は⑤長居もしないで帰京した。

辞書を引こう！　解答

心憂し（つらい・情けない）

しのぶ（人目を忍ぶ・包み隠す）

いぬ（行く・去る）

ながむ（物思いに沈む・物思いにふける）

おこす（よこす・こちらへ送ってくる）

基礎演習編 10 音楽の友（『六帖詠草』）

問題⇩本冊64ページ

解答

問一　A ウ　B エ
問二　ウ
問三　ウ
問四　ア
問五　カ

要旨　作者は鈴木竜と音楽の友として交際していたが、納得のいかないことがあって問いただそうと思ううちに、鈴木は病気になり、死んでしまった。希有な人物を失ったことを惜しんでいると、鈴木が夢に現れて作者のわだかまりを解いた。目が覚めて作者は涙にくれた。

文学史　**『六帖詠草』**江戸時代の歌集。小沢蘆庵（一七二三〜一八〇一）作。蘆庵は、思っていることをわかりやすい言葉でありのままに詠むことを主張した。

問一　A「おこたる」は現代語の「おこたる」と同じで「**❶怠ける・さぼる**」意である。病気が怠けて勢いがなくなることから、「**❷病気がよくなる・快方に向かう**」意も表す。選択肢でこの意味に該当するのはウのみで、文脈上も問題ない。

B「かたし」は「固い・堅固だ・厳重だ」の意の「かたし（「固し・堅し・硬し」の字を当てる）」もあるが（選択肢ではア・オ）、「**難しい・容易でない**」の意の「かたし（「難し」の字を当てる）」（選択肢ではエ）が重要である。本文も、鈴木が万事優れていて、これほどの人を探したら「かたし」だという文脈なので、**ア**や**オ**でなく**エ**が正解である。

問二　まずは傍線部を訳してみるところから始めるのがよい。

「よろづ」は「**すべて・万事・色々**」、「**たどたどし**」は「**不確かだ・不案内だ**」の意。傍線部**1**は「すべてにおいて不確かでない」と訳せる。選択肢を見ると、**ア**は「考え方」、**イ**は人付き合い、**エ**は「弁舌」、**オ**は「起居動作」（＝日常の動作）に限定しているが、本文は鈴木が音楽に詳しいと述べているので、これらの限定は当たらない。**ウ**の「**造詣が深い**」は**芸術や技術について深い知識や技量がある**ことだから、鈴木についての「たどたどしからず」に当たる。「あらゆることにわたって」も「よろづ」と矛盾しない。正解は**ウ**である。

問三　傍線部**2**は「自分の心だけを手引きにして」と訳すことができるが、それでは選択肢は絞れない。本文を見ると、傍線部**2**の直後には引用の「と」があり、「にて」で文は終わらないので、あとに省略があると考えられる。傍線部**2**が誰の言葉で、何が省略されているかを読み解くことが求められている。

本文は、「鈴木竜は〜親しく語らひぬる仲なりける」と始まっている。「**は」は係助詞**に分類されており、**様々な要素を強調する働き**をする。**主格の格助詞と勘違いしてはならない**（⇩**文法ガイド**⑤本冊47ページ）。ここでも「鈴木竜は」は主題を表し、「鈴木竜という人物は」の意である。誰と親しかったのかが書かれていないが、**日記やそれに類する文章では、明記されていない人**

物は作者である可能性が高い。本作は歌集だが、作歌の事情をつづった部分は日記や随筆に近い。鈴木は作者にとって親しい仲で、二人の関係がこのあとに書かれているのである。たくさん出てくる引用の「と」に注目して、丁寧に本文を読んでいこう。**会話文には「　」、思ったことなどには（　）を付けると、文の構造が見えやすくなる**（⇩**入門編④**本冊15ページ）。

文の構造

作者は鈴木に納得のいかないことがあって、（いきて言ひたださばや）[と]思った。
→ちょうどその時、鈴木が（いと重くわづらふ）[と]聞いた。
→（常にかよわき人にもあらねば、ほどなくおこたらむ折にこそ）[と]油断するうちに、鈴木は死んでしまった。
→（よはひは今年五十路）[とか]聞いた。鈴木を惜しみつつ過ごしていて、ある日の明け方、夢を見た。
→（この人訪ひ来）[と]＝**夢の内容**
→「（身まかりぬ）[と]聞きしはそらごとなりけり、重くわづらふにいかでかいませし」[と]＝**作者から鈴木への質問**
→「対面せでは心のむすぼほれ解くべきやうも侍らず、心ひとつをしるべにて」[と]＝**鈴木の作者への答え（設問箇所）**
→（かの心得ず思ひしこと言ひ解く）[と]＝**鈴木の訪問に対する作者の理解**

設問箇所の直前で、作者は「重病なのにどうして来たのか」と尋ねている。傍線部**2**はこれに対する返事の末尾なので、「にて」のあとに補う言葉は「私は訪ねてきた」である。これに当たるのは**ウ**で、選択肢前半の「あなたにお会いしたいといちずに思うあまりに」も文脈と矛盾しない。正解は**ウ**である。このあと、目覚めた作者は鈴木への思いを歌に詠むのである。

問四 和歌の修辞で最も重要なものは**掛詞**である。**ア〜ウ**が掛詞の説明として正しいかどうか考えよう（⇩**文法ガイド⑨**本冊63ページ）。

ア「ともなき」は**「〜ということでもない」**の意の慣用表現だが、「共泣き」は見かけない言葉で、本文で「もらい泣き」という意味を読み取ることもできないので、掛詞とは言えない。**イ「降り」**と**「古り」**（＝古くなる・年を経る）は**よく使われる掛詞**である。本文でも「ふり」は「白雪」が「降り」であると同時に、「ふりにし人」は「死んで時を経てしまった人」、つまり鈴木のことである。「降り」と「古り」は掛詞だと考えてよい。**ウ** 作者は鈴木とまた「言」葉を交わしたいと思っていたとある。同時に二人は音楽の友だから、「琴」を弾き通わしたいと願っていると読み取れる。「言」と「琴」は掛詞だと考えてよい。正解は**ア**である。

ここで、「句切れ」についても確認しておきたい。

文法 句切れ 歌を五／七／五／七／七の音節で区切って（文字数で区切るのではない）、各句の切れ目（／のところ）に文法的な意味での文末をさがす。（終止形・命令形・係り結び・終助詞、などに注目する。初句切れ・二句切れ・三句切れ・四句切れがあり、句切れのない歌もある。二箇所以上切れる歌もある。）

Ⅲの歌について考えてみよう。

文の構造

覚めて後（初句（五））／**こと通はさむ**（二句（七））／**道をだに**（三句（五））／**問はましものを**（四句（七））／**夢と知りせば**（五句（七））

「ものを」は詠嘆の終助詞なので、この歌は四句切れである。**反実仮想の助動詞「まし」は、「〜せば…まし」**の形で呼応するので、「夢と知りせば」「問はましものを」が通常の語順で、この歌は**「倒置（＝通常と逆の語順で語句を配置すること）」**になっていることもわかる。**エ**は適当である。

オは「雪」と関連づけるために、人の死を「消え」と表現したと考えて問題ない。

問五 **ア**は本文1〜2行目についてである。**問三**でも見た通り、質問があったのは作者なので、「鈴木竜は作者に」は誤りである。**イ**は本文2～3行目についてである。鈴木は病弱でなかったので作者は見舞いに行かなかったとあるので、誤りである。**ウ**はⅠの歌に「思いながら寝たわけでもない」とあるので、誤りである。**エ**は本文9行目に「言ひ解くとぞ思ひし」とあって、鈴木は夢で作者のわだかまりを解消したと考えられるので、誤りである。**オ**はⅢの歌についてで、「～せば…まし」は反実仮想の表現である。**反実仮想**は「反実」＋「仮想」だと考えるとわかりやすく、**事実とは反対の事態を仮に想定し、その結果を仮に想像して述べる**、という表現である。反実の部分と、仮想の部分の両方を反転させれば、事実がどうであったのかを読み取ることもできる。

文法 反実仮想の構造

反実「もしAであったなら」＋**仮想**「Bだっただろうに」
⇔　⇔
事実「Aではなかったので」＋**事実**「Bではない」

この歌は「夢だと知っていたら」「尋ねたのに」とあるので、事実は「夢だとは知らなかったので」「尋ねなかった」で、「目が覚める前からわかっていた」は誤りである。**カ**はⅣの歌についてである。「頼む」は重要語で、**四段**なら「**頼る・あてにする**」意、**下二段**は使役の意が加わって「**頼らせる・あてにさせる**」意である。「頼め」の直後の「し」が過去の助動詞で連用形接続なので、「頼め」は下二段活用である。Ⅳは「『雪の夜には必ず来よう』と（私に）あてにさせたことを、雪のように消えてしまった人（＝死んだ鈴木）が思い出し（て夢に現れ）たのだろうか」と理解できる。正解は**カ**である。

コラム 古文読解のための背景知識⑩

「思ひつつ寝(ぬ)ればや人の見えつらむ夢と知りせば覚めざらましを」（思いながら寝たから、あの人が夢に出てきたのだろうか。夢と知っていたなら目を覚まさなかったのに。知らなかったので目を覚ましてしまい、あの人も見えなくなってしまったよ。）夢でしか逢(あ)えない恋人への思いを歌った、小野小町の哀切な名歌である。本文のⅠ・Ⅲの歌はこれを踏まえている。Ⅰでいきなり現れる「～ともなき（＝～というのでもない）」という否定表現も、先行する和歌の存在に気付けば納得がいく。**古歌の言葉や着想を意図的に取り入れて歌を詠むこと**を「**本歌取り**」といい、その歌と本歌とが重層的に響き合う効果を生む。

「おとな」が親友を持つことは難しい。立場や環境の違い、利害関係など、様々なことが絡み合い、簡単には心を開いて結びあうことができない。けれども、作者と鈴木は心の通い合う友であった。作者が、得難い心の友であった鈴木と夢で語り合って、つながりを再確認することができた思いが、小町の歌を利用して巧みに表現されているのである。

現代語訳・文法要点⑩ 音楽の友（『六帖詠草』）

問題⇨本冊64ページ

鈴木竜は、糸竹の交はりにて年ごろ親しく語らひぬる仲なり（断定）けるを、この夏のころ、いささか心得ぬ（打消）ことのあれ（ラ変・已）ば（順接確定）、いきて言ひたださばや（願望）と思ふ折から、いと重くわづらふと聞けど（逆接確定）、常にかよわき人に（断定）もあらね（打消・已）ば（順接確定）、ほどなく

1 鈴木竜は、音楽のつきあいで長年親しく語り合った仲であったが、2 この夏の頃、（私は）少々納得のいかないことがあるので、行って問いただしたいと思っているちょうどその時、（鈴木が）たいそう重病だと聞くが、常日頃体が弱い人でもないので、間もなく（病

●表示のある活用形
・接続助詞「ば」の接続する未然形・已然形。
・係助詞の結びの連体形・已然形、疑問の副詞と呼応する連体形。
・下に体言を補って解釈するとよい連体形。（体と表示。）

おこたらむ折にこそと思ひてうち過ぎぬるほど、にはかに弱くなりて終に身まかりぬ。よはひは今年五十路とか聞きし。よろづたどたどしからず、呂律のことなど、いとよう心得たる人にて、かばかりなるもたづねむにはいとかたかるべし。惜しみつつせむすべなくて月日を経るに、こよひ雪いと深う降りて寒ければ、とく臥しぬ。暁がたの夢に、この人訪ひ来と見て、身まかりぬと聞きしはそらごとなりけり、重くわづらふにいかでかいませしと言へば、対面せでは心のむすぼほれ解くべきやうも侍らず、心ひとつをしるべにてと言ふ、いと苦しげなり。かの心得ず思ひしこと言ひ解くとぞ思ひし。雪のしづりの音に目覚めたるに、ともし火かすかに、嵐はげしく吹き、落つる涙玉を乱すがごとし。

（気が）回復する（ような）時に（訪ねよう）と思ってすごしていた間に、（鈴木は）急に衰弱してついに亡くなった。**3** 年齢は今年五十とか聞いた。すべてにおいて確かでないことがなく、音楽のことなどを、とてもよく理解している人で、これほどである人も探す（ような）ことはたいそう難しいにちがいない。惜しみながらどうしようもなく月日を過ごしていると、今晩は雪がひどく深く降って寒いので、早く床についた。夜明け前頃の夢に、この人が訪ねてくると見て、亡くなったと聞いたのは嘘であったのだなあ、重病であるのにどうして（私のもとへ）いらっしゃったのかと言うと、（鈴木は）対面しないでは心のわだかまりを解くことができるすべもありません、（その）心ひとつを道しるべとして（やってきました）と言うさまは、大変苦しそうである。あの（私が）納得できないと思ったことを（鈴木は）説明するのだと（私は）思った。**4** 雪が木の枝から滑り落ちる音で目覚めたところ、ともし火はかすかで、嵐が激しく吹き、落ちる涙は真珠を散らばらせるようである。

思ひつつ寝るともなきをなき人のさだかに見えし夢ぞあやしき

（小町の歌のように、鈴木のことを恋しく）思いながら寝るということでもないのに、今は亡き人がはっきりと見えた夢は不思議だ。

ありし世の恨みも消えて白雪のふりにし人ぞさらに恋しき

（鈴木が）生きていた時の恨みも消えて、白雪が降り、死んで時を経てしまった人がさらに恋しいよ。

覚めて後こと通はさむ道をだに問はましものを夢と知りせば

目が覚めたあとで言葉をかわしたり、楽器を弾きかわしたりするようなすべだけでも尋ねただろうになあ。（鈴木に会うことができたのが）夢だと知っていたならば。

ありし世に、朝の雪は消えやすし、夜の雪には訪ひて糸竹の遊びせむと言ひしを思ひ出でて、

（鈴木が）生きていた時に、朝の雪は消えやすい、夜に雪が降ったら（あなたを）訪ねて管弦の遊びをしようと言ったことを思い出して、

雪の夜は必ず来むと頼めしを消えにし人や思ひ出でけむ

雪の夜は必ず来ようと（私に）あてにさせたことを、消えてしまった（＝死んでしまった）人（＝鈴木）は思い出した（から、夢に現れた）のだろうか。

あらすじを確認しよう！ 解答

1 私は長年鈴木竜と ① 糸竹 の交際をしていた。
2 夏頃、納得しかねることを問いただしたかったが、② 鈴木 は病気で死んでしまった。
3 鈴木の ③ 呂律 に関する造詣の深さを惜しんで過ごしていたが、鈴木が ④ 夢 に現れて、あの疑問に答えてくれた。
4 私は目覚めて ⑤ 涙 を流し、鈴木への思いを歌にした。

辞書を引こう！ 解答

年ごろ（長年・何年もの間）
心得（わかる・納得する）
身まかる（死ぬ）
そらごと（嘘）
頼む（マ行下二段）（あてにさせる）

仏の玉（『今昔物語集』）

問題⇩本冊70ページ

解答

問一 a がっしょう　b しゅじょう　c みけん
問二 X ア　Y キ
問三 オ
問四 ア・オ（順不同）
問五 ア
問六 イ
問七 オ

要旨 困窮した人が仏像の眉間の玉を取ろうとするが、仏像の丈が高くなって取れない。「我が身を捨てても困窮する者を救うのが仏の道だ」と訴えると、仏像は頭を垂れて玉を取らせた。のちに盗人は捕らえられて、国王に寺でのことを伝えた。王は寺に使者をやってこれが事実だと知り、仏の慈悲深さに心を打たれ、玉を買い取って盗人を放免した。

文学史 **『今昔物語集』** 平安時代の説話集。編者未詳。千あまりの説話を、天竺（＝インド）・震旦（＝中国）・本朝（＝日本）に分類して載せた、日本で最大の説話集。各説話は「今は昔」で始まり、「となむ語り伝へたるとや」で終わっている。

問一 aは「がっしょう」で、手のひらを合わせて拝むこと。
bは「しゅじょう」で、仏の救済の対象となるすべての生き物のこと。特に「弱く、愚かで、刹那的に生きる人間たち」といったニュアンスで用いられる。
cは「みけん」で、眉と眉の間のこと。「眉間にしわを寄せる」などと用いる。

問二 **「音便」は、単語のうちのある音が、発音しやすいように、本来の活用にはない音に変化すること**で（便利な音の意。語の意味は変わらない）、次の四つがある。

文法 音便

イ音便……「い」に変わる 例 書きて → 書いて
ウ音便……「う」に変わる 例 思ひて → 思うて
撥音便……「ん」に変わる 例 学びて → 学んで
促音便……「つ」に変わる 例 思ひて → 思って

音便は、ある形の時には必ず生じるというものでなく、同じ語が同じ文章の中でも音便化したりしなかったりするが、次の形の時には非常に高い確率で撥音便が生じる。

文法 ラ変型の撥音便

ラ変型活用語の連体形＋ { **めり** / **（伝聞・推定の）なり** / **べし** }
→ラ変型活用語は**撥音便化**することが多い。**「ん」が書かれない**こともある。

ラ変型活用語とは、ラ行変格活用の動詞「あり」を語源に持ち、「ら・り・り・る・れ・れ」と活用する語をいう（**ラ変動詞・形容詞の補助活用・形容**

動詞、及び**この三つの型の活用をする助動詞**がラ変型である）。これらに「めり・（伝聞・推定の）なり・べし」が付いた時には多く撥音便が生じる。この「ん」は書かれないことも多い。

> **例** あるなり（ラ変動詞「あり」連体形＋**伝聞・推定**の助動詞「なり」）
> ⇩**撥音便**
> あんなり　「る」が「ん」になって消える
> ⇩**無表記化**
> あなり

波線部「な」は、「めり」の直上で断定の助動詞「なり」の連体形が撥音便になり、その「ん」が無表記になったものである。（「なるめり→なんめり→なめり」と変化した。）**断定の助動詞に推定の助動詞が付いた「なめり（なんめり）」**は、「～であるようだ」の意で、よく使われる連語である。

助動詞「なり」が二つ付いた**「ななり（なんなり）」**もよく使われる。**「な」が断定、「なり」が伝聞・推定の助動詞**で、「～であるそうだ・～であるようだ」の意である。

「めり・なり・べし」の直上で撥音便になるのは断定の「なり」で、この位置には伝聞・推定の「なり」は来ないので注意したい。

問三「説明」の問題も傍線部を訳すことから始めるのが原則である。

「おぼろけなり」は**「並だ・普通だ」**の意の形容動詞。「をば」は格助詞「を」を強調した表現だが、訳は「を」でよい。「べし」は推量の意。「やは」は係助詞。係助詞ではまず「係り結びの法則」を考えがちだが、係助詞は文末に用いられることも多い。これは、**係助詞の「文末用法」**で、**意味は係り結びの場合と同じ**だと考えるとわかりやすい。（係り結びは係助詞の「文中用法」である。）「や」は疑問または反語を表すが、「は」を伴った**「やは」**は圧倒的に**反語**の用例が多い。（**「かは」**も同じである。）

これらを踏まえて傍線部**1**を直訳すると「並大抵のことでは仏の眉間の玉を下ろすだろうか、いや、そんなことはしない」となる。**反語**が**疑問の形を借りた強い否定の表現**であることをもとにすっきりさせれば、「並大抵のことでは仏の眉間の玉を下ろさない」となる。本文はこのあと「なまじひに生きめぐりて、世間を思ひわびて限りなき罪障を造らむとす（＝なまじ生き続けて、暮らしに困ってこの上ない罪障を作ろうとしている）」と続く。つまり、「おぼろけなり」は具体的には「普通の程度に貧しい」こと。傍線部**1**は、普通の貧しさなら仏の玉を下ろさないが、どうにもならない貧窮のため、大罪と知りながら、仏像から眉間の玉を「下ろす（＝奪い取る）」と言っているのである。正解は**オ**である。

なお、傍線部**1**には尊敬語がない。盗人は仏が主語である部分には尊敬語を用いているので、仏を主語として解釈している**イ**と**ウ**は誤りだと考えて消去していくこともできる。

問四 敬語動詞には似た意味を表して、使用頻度に差があるものがある。「おはす・おはします」はよく使われる語で、❶「あり・行く・来（く）」の**尊敬語**、❷**尊敬の補助動詞**の意味を持つ。**「ます・まします・います・いますがり」**は使用頻度が低いが**「おはす・おはします」とほぼ同じ意味**である。（現代語には丁寧語の「ます」があるが、これは別の語である。）

> **おはす・おはします（≒ます・まします・います・いますがり）**
> ❶「あり・行く・来」の尊敬語（いらっしゃる）
> ❷尊敬の補助動詞（～ていらっしゃる）

本文は「それの寺にまします仏」とあるので、「まします」は「あり」の尊敬語である。選択肢のうち**イ**「おはします」・**エ**「いますがる」・**カ**「おはす」と置き換えても「どこそこの寺にいらっしゃる仏」という訳は変わらない。存在する意を表さない**ア**「給（たま）ふ（本動詞は「与ふ」の尊敬語）」と**オ**「奉（たてまつ）る（本動詞の基本の用法は「与ふ」の謙譲語）」と置き換えることはできない。また、**ウ**「ある」に置き換えると「どこそこの寺にいる仏」または「どこそこの寺にある仏」の意になり、尊敬の意は失われるが、文の表す意味は変わらない。文意を変える語を**二つ**選ぶ設問なので、**ア**と**オ**が正解である。

問五 窃盗は犯罪だが、本文ではそれとは異なる価値観も提示されている。選択肢に挙げられた行為が本文の中でどのような意味を持つか、見ていこう。

はじめに**ア**「仏像の背丈が高くなる」ことで、仏は玉を取らせまいとする。それに対して盗人は、前世の釈迦（→仏）が**イ**「鳩のために我が身を差し出す」、**ウ**「虎の母子に自分の肉を与える」、**エ**「婆羅門に自分の目や血を与える」などしたことを挙げ、そんな仏が玉を惜しむことに抗議する。すると、**オ**「仏像が頭を垂れ」て盗人に玉を与える。国王も、この仏の心を理解すると、**カ**「玉を言い値で買い取」り、**キ**「盗人を釈放する」のである。**ア**以外は、本文の末尾に出てくる「慈悲」に通じる行為である。「慈悲」は仏語で、あらゆる人の苦しみを自らの苦しみとして嘆きをともにし、除こうとすることである。これは仏教の根本理念の一つである。

問六 「ゆるす」は「ゆるくする」がもとで、罪を許す意だが、捕縛した場面なら許して「釈放する」と訳すことができる。国王が盗人を釈放した理由を読み取る設問である。**ある事柄の理由・原因は、結果の前に書かれることが多い**ので、そこから読解していこう。

盗人は市場で玉を売って捕らえられ、仏が玉を与えたいきさつをありのままに話した。国王は信じないで、寺に使者を送る。使者は頭を垂れて立つ仏像を見て、国王に報告する。そこで、国王は「悲しびの心」をおこして、玉を買い取って寺に返し、盗人を「ゆるす」のである。

「悲しび」は動詞「**かなしぶ**」の名詞形で、「**悲しむ**」とほぼ同じ意味である。これには、現代語と同様の「❶**悲しむ**」意の他に、「❷**いとしく思う**」、「❸**愛し、めでる・感動する**」の意もある。対象への痛切な感情を表す語である。本文では、頭を垂れた仏像のことを聞いた国王が「悲しびの心をおこし」たとあるので、❸の意味である。このことを正しく捉えた正解は**イ**である。

ア 国王は、本当に仏像の頭が低くなっていることを確かめて、盗人は嘘をついていないと知ったから。（×「ゆるし」た理由ではないので誤り）

イ 国王は、仏が盗人に玉を与えたという話が嘘でなかったと知って、仏の慈悲心に深く感動したから。（〇「悲しびの心をおこして」に相当する）⇨〇

ウ 国王は、盗人の貧苦の訴えを聞いて、自分の悪政を思い、悲しみの念をこらえきれなかったから。（×本文に書かれていないので誤り）（×「悲しび」の解釈が誤っているので誤り）

エ 国王は、仏が盗人に御利益を与えたのだから、それを無にしては、自分が罰せられると恐れたから。（×本文に書かれていないので誤り）

オ 国王は、玉を買い取って寺に返せば、貧しさゆえに罪を犯した者を断罪しなくてすむと気付いたから。（×本文に書かれていないので誤り）

問七 選択肢に挙げられたものはすべて説話集である。「**説話**」は、『源氏物語』や『落窪物語』のような、作者による創作ではなく、**その当時人々が語り継いできた話を編者が文章にまとめた作品**をいう。

『**日本霊異記**』は平安時代はじめの成立で、**現存最古の説話集**と覚えておこう。

『今昔物語集』は平安時代後期、『発心集』・『宇治拾遺物語』・『古今著聞集』・『沙石集』はいずれも鎌倉時代の成立である。

コラム 古文読解のための背景知識⑪

釈迦は「欲望が人を苦しめる。すべてを捨てて修行すれば心の安らぎが得られる」と教えた。そして、偶像崇拝（神仏の絵や像を信仰の対象として拝むこと。仏教での偶像は「仏像・仏画」）や、死後の世界（「地獄」や「極楽」）について説くことを禁じた。釈迦は自らの教えを書き記してはおらず、釈迦が亡くなったあと、弟子たちが集まってその教えをまとめたものが最初の仏典（いわゆる「お経」）である。釈迦の遺骨（「仏舎利」という）は灰までも分配されて崇拝された。没後五百年頃には仏像が作られ始め、自ら修行して救われるだけでなく、人間全体を救おうという思想も生まれてくる（「大乗仏教」という）。こうなると、釈迦の教えとはすっかり違ってしまい、これを「仏教ではない」とする考えもある。

けれども、家や家族を含むすべてを捨てて修行すること（「出家」）はとても難しく、ほとんどの人には実行できない。信じ、拝んで、少しでも救われたい、というのは、弱くて愚かな大多数の人間が行き着いた必然であろう。

そして、本文の仏像は、玉を与えただけでなく、その救いを「頭を垂れる」という形で可視化してくれた、究極の優しい仏なのである。

『今昔物語集』には、飢えて死にかかった僧が祈ると仏が食べ物を与えてくれるが、これが仏像の股の部分であったために、僧が人々から糾弾される話もある。僧が「仏がなさったことだと見せてほしい」と祈ると、人々の目の前で仏像は元通りになるのだ。救われたい、救いの証しを見せてほしい、というのは、人間の究極の願いなのだろう。

現代語訳・文法要点⑪ 仏の玉（『今昔物語集』）

問題⇨本冊70ページ

1 寄りて仏の御頭の玉を取らむとするほどに、この仏、やうやく高くなり給ひて及び付かれず。盗人高き物を踏まへてまた及べども、いよいよ高くなりまさり給ふ。

近づいて仏像の御頭の宝石を取ろうとする時に、この仏像は、だんだん（背丈が）高くおなりになって手を届かせることができない。盗人は高い物を踏み台にしてまた手を伸ばすけれども、（仏像は）いよいよ高くおなりになる。

2 しかれば、盗人、「この仏はもとは等身なり。かく高くなりまさり給ふは玉を惜しみ給ふなめり」と思ひて退き、合掌頂礼して仏に申さく、「仏の世に出でて菩薩の道を行じ給ひしことは、われら衆生を利益抜済し給はむがためなり。伝へ聞けば、人をすくひ給ふ道には身をもむさぼらず、命をも捨て給ふ。いはゆる一羽の鳩に身を捨て、七つの虎に命を亡ぼし、眼をくじりて婆羅門に施し、血を出だして婆羅門に飲ましめ、かくのごとくのありがたきことをそら施し給ふ。いかにいはむや、この玉を惜しみ給ふべからず。貧しきをすくひ下賤を助け給はむ、ただこれなり。おぼろけにては仏の眉間の玉をば下ろすべしやは。なまじひに生きめぐりて、世間を思ひわびて限りなき罪障を造らむとす。いかでかかく高くなり給ひて頭の玉を惜しみ給ふ。思ひにすでに違ひぬ」と哭く哭く申しければ、**3** 仏高くなり給ふ心地に頭をたれて盗人の及ぶばかりになり給ひぬ。しかれば、「仏、わが申すことによりて、玉を取れとおぼしめすなりけり」

そこで、盗人は、「この仏像はもとは等身である。このようにどんどん高くおなりになるのは宝石を惜しみなさるのであるようだ」と思ってうしろに下がって、手を合わせ頭を地につけ礼拝して仏像に申し上げることは、「仏がこの世に現れて菩薩（ぼさつ）の道を修行なさったことは、私たち衆生に利益を施し救済なさろうとするためである。伝え聞くところによると、（仏は）人を救済なさる道においては（自分の）身体にも執着せず、命をもお捨てになる。いわゆる一羽の鳩のためにわが身を捨て、七頭の虎のために命を亡くし、目をくりぬいて婆羅門に与え、血を出して婆羅門に飲ませ、このようなめったにないことをさえ施しなさる。ましてや、この宝石を惜しみなさるべきではない。貧しい者を救い身分がいやしい者を助けなさるならば、まさにこれ（＝宝石を盗人に与えること）だ。（私は）普通のことで仏の眉間の宝石を（取って）下ろすだろうか、いやそんなことはしない。なまじ生き続けて、暮らしに困ってこの上ない罪障（＝仏像の玉を取ること）を作ろうとしている。どうしてこのように高くおなりになって頭の宝石を惜しみなさるのか。（そのなさりようは、私の）思いと既に違ってしまっている」と泣きながら申し上げたところ、**3** 仏像は高くおなりになる様子を見せながら頭を下げて盗人の手が届くくらいにおなりになった。そこで、（盗人は）「仏は、私が申し上げることによって、宝石を取れとお思いになるのだなあ」

◉表示のある活用形
- 接続助詞「ば」の接続する未然形・已然形。
- 係助詞の結びの連体形・已然形、疑問の副詞と呼応する連体形。
- 下に体言を補って解釈するとよい連体形。（㊥と表示。）

あらすじを確認しよう！ 解答

1 盗人が仏像の眉間の玉を取ろうとしたが、仏像が①高くなって取れない。

2 盗人は「仏の道はわが身を捨てて②衆生を救うことで、貧しさゆえに罪を犯す私を救うべきだ」と訴えた。

3 仏像が③頭を垂れ、盗人は玉を取った。

4 国王は、玉を売ろうとしてつかまった盗人の釈明を信じなかったが、④使ひをやると事実であった。

5 国王は高い⑤値で玉を買い取って盗人を放免した。

6 仏像は今も⑥うなだれて立っている。

辞書を引こう！ 解答

ありがたし（めったにない・尊い）
おぼろけなり（並一通りだ・普通だ）
思ひわぶ（思い悩む・つらく思う）
失す（なくなる）
念ず（祈る）

と思ひて、寄りて眉間の玉を取りて出でぬ。夜明けて、寺の内の比丘どもこれを見て、「仏の眉間の玉は、いかなればなきぞ。盗人の取りてけるなめり」と思ひて求め尋ぬれども、誰人の盗めると知らず。

と思って、近づいて眉間の宝石を取って出た。夜が明けて、寺の中の比丘たちがこれを見て、「仏像の眉間の宝石は、どうしてないのか。盗人が取ってしまったのであるようだ」と思ってさがし求めるけれど、誰が盗んだのかわからない。

その後、この盗人、この玉をもつて市に出でて売るに、この玉を見知れる人ありて、「この玉は、それの寺にまします仏の眉間の玉近ごろ失せたる、これなり」と云ひて、この玉売る者を捕らへて、国王に奉りつ。召し問はる る時に、隠さずしてありのままに申す。国王このことを用ゐ給はずして、かの寺に使ひを遣はして見しめ給ふ。使ひかの寺に行きて見るに、仏頭をうなだれて立ち給へり。使ひかへりてこの由を申す。国王この由を聞き給ひて、悲しびの心をおこして盗人を召して、値を限らず玉を買ひ取りて、もとの寺の仏に返し奉り給ひて、盗人をばゆるしつ。

4 その後、この盗人が、この宝石を持って市場に出て売ると、この宝石を見知っている人がいて、「この宝石は、どこそこの寺にいらっしゃる仏像の眉間の宝石が最近なくなったのが、これだ」と言って、この宝石を売る者を捕らえて、国王に差し出し申し上げた。(盗人は)お召しを受けて問いただされる時に、隠さないでありのままに申し上げる。国王はこの言葉を信じなさらないで、その寺に使者を派遣なさって確認させなさる。使者がその寺に行って見ると、仏像は頭をうなだれて立っていらっしゃった。使者は帰ってこのことを申し上げる。**5** 国王はこのことをお聞きになって、深く心を打たれなさって盗人をお呼びになって、値段を制限せず(＝盗人の言い値のままに)宝石を買い取って、元の寺の仏像に返し申し上げなさって、盗人を放免した。

まことに心をいたして念ずる仏の慈悲は、盗人をもあはれび給ふなりけり。その仏、今に至るまでうなだれて立ち給へりとなむ語り伝へたるとや。

6 本当に心を尽くして祈る(者への)仏の慈悲は、盗人をも哀れみなさるのであったなあ。その仏像は、今に至るまでうなだれてお立ちになっていると語り伝えているということだ。

発展演習 編

12 童舞をめぐって（『十訓抄』）

問題⇨本冊74ページ

解答

問一 1 ウ 2 イ 3 エ

問二 a イ b ア c エ

問三 d エ e ウ f ウ

問四 (1) イ・エ（順不同） (2) エ

問五 A・B 宗順阿闍梨・少将の公（順不同）

C (例) 優雅だ／優美だ／風流だ（以上3字）／すばらしい（5字）

D 入道右府

E (例) 理解していない／わかっていない（以上7字）

問六 ア・エ（順不同）

要旨 童舞に感動した宗順が少将の公と歌をやりとりした。中院僧正はこれに感心して入道右府に伝えたが、どんな歌だったかと問われて、めちゃくちゃな返事をした。これは非常に滑稽であったが、歌の道は仏の道とは別なのだと思い、かえって尊くも感じられた。

文学史 『十訓抄』 鎌倉時代の説話集。六波羅二臈左衛門入道編とされるが未詳。十の教訓を掲げ、それぞれに関連する説話を配置する形式で書かれている。

問一 古語を覚えよう。文脈に合う訳になっているかどうか、確認しよう。

1 「かたへ」は「**❶片方**」の意がもとで、「**❷そば・❸そばにいる人・仲間**」の意へと広がった。本文では「かたへ」は舞を比較する対象なので、❸の意味である。選択肢に直訳はないが、**ウ**は「そばで舞う人」を「ほかの舞人」と具体的に言い換えたものだと考えることができる。正解は**ウ**である。

2 「めづらし」は「**ほめる・感心する**」意の動詞「**めづ**」に対応する形容詞で、ほめたくなる状態をいう。「**すばらしい・かわいい**」の意である。「賞賛する」は「ほめる」ことだから、選択肢の**イ**がこれに当たる。傍線部2の前に「いへりける」とあり、「ける」は過去の助動詞「けり」の連体形で、直後に「こと」や「さま」等の体言を補うことができる（⇩**入門編③**本冊14ページ）。つまりⅠ・Ⅱの歌のやりとりが「めづらし」だと言っている文脈だから、やはり**イ**が正解である。

3 「やさし（優し）」は「**優雅だ・優美だ・風流だ**」の意が基本。（思いやりがあるさまをいう現代語の「優しい」とは異なる。）選択肢の**エ**がこれに当たる。中院僧正が宗順と少将の公の和歌のやりとりを「やさし」だと思われたと語っているのだから、やはり**エ**が正解である。

問二 a 選択肢で「に」という形をとるものは、**ア**完了の助動詞「ぬ」の連用形・**イ**断定の助動詞「なり」の連用形・**カ**格助詞である。aの直前は「ける」（過去の助動詞「けり」の連体形）で、**ア**は連用形接続なので、当たらない。**イ**と**カ**は連体形接続である。**イ**断定の助動詞については、次のことを覚えておこう。

文法 **慣用表現「にやあらむ」「にや」**

断定の助動詞「なり」の連用形「**に**」は、あとに補助動詞「**あり**」を伴うことが多い。「**にやあらむ**」は「**〜であるのだろうか**」の意の決まり文句で、**係助詞「や」の結びが省略されて「にや」**の形になることもある。

正解はイである。

b 選択肢で「ぬ」という形をとるものは、ア完了の助動詞「ぬ」の終止形・ウ打消の助動詞「ず」の連体形である。完了と打消の識別は、訳か、接続か、活用形による（⇩**文法**「ぬ・ね」の識別法 別冊19ページ）。アは連用形接続、ウは未然形接続だが、bの直前の「かね」は下二段活用なので、未然形と連用形が見かけ上同じである。そこでbの直後を見ると引用の格助詞「と」がある。**引用の「と」の直前は文末相当**の形になる（⇩入門編④本冊15ページ）。「きのふ～しぼりかねぬ」が引用文で、b「ぬ」はその**文末に当たり、係り結びなどはないので、終止形**だと考えられる。終止形で「ぬ」になるのは完了の助動詞である。正解はアである。

c 選択肢で「させ」という形をとるものは、エかオである。cはa・bとは異なり、同じ助動詞の文中での意味の違いを尋ねる設問である。従って接続や活用形を見ても意味がない。

> **文法** 助動詞「す」「さす」の意味の区別
> ①すぐあとに**尊敬の補助動詞（「給（たま）ふ」など）がなければ**使役の用法である。「～に」の形で使役の対象を伴うことが多い。
> ②すぐあとに尊敬の補助動詞が付いた「**せ**給ふ」「**させ**給ふ」の「せ」「させ」は尊敬の意味であることが多い。ただし、使役の可能性もあるので、文脈（使役の対象の有無など）と訳を確認する。

ここではcの直後に「給は」があるので、尊敬の意である可能性が高く、使役の対象は書かれていない。尊敬で訳すと、「歌は覚えていらっしゃるだろう」となり、文脈上問題がない。正解はエである。（使役で訳すと「歌は覚えさせていらっしゃるだろう」となって、おかしい。）

問三 敬意の方向の設問を身分の上下から解いてはならない。必ず敬語の種類を確認して解こう。

> **文法** 誰に対する敬意か？（＝敬意の対象は誰か？）
> **尊敬語…動作をする人**（**主語**）に対する敬意を表す。
> **謙譲語…動作を受ける人**（その動作の**主語でない方の人**）に対する敬意を表す。
> **丁寧語…会話文ではその聞き手**、地（じ）の文では読み手（つまり、その言葉を受け取る人）への敬意を表す。

波線部d～fはどれも尊敬語なので、「動作をする人（主語）」に当たるものを読み取る設問である。

d「のたまひ」は「**言ふ」の尊敬語**である。前に「入道殿、」とあり、人物の直後に「、」があったら、その人物は主語である可能性が高い（⇩入門編⑤本冊19ページ）。「入道殿がおっしゃった」と考えて文脈上も問題がないので、正解はエである。

e「給ひ」は**尊敬の補助動詞**で、**動詞「いひ出で」に付いているので、この動作の主語をさがす**と、前に「さばかりの生き仏」とあり、主格の格助詞「の」が付いていて、これが主語である。「さばかり」は「それほど」の意で、指示副詞「さ」を含んでおり前のものを指す可能性が高い（⇩入門編⑥B本冊20ページ）。「ねんごろに」が「熱心に」の意なので、「生き仏」は宗順と少将の公との歌のやりとりを熱心に入道右府に伝えた中院僧正を指すと考えられる。僧正は僧侶の高い位をいうので「生き仏」という表現とも矛盾しない。主語は中院僧正で、正解はウである。

f「給は」は**尊敬の補助動詞**で、**動詞「似」に付いているので、この主語をさがす**のだが、主語は書かれていない。

> **文の構造**
> **【○○は】同じ僧正なれども、むかしの遍昭、今の覚忠などには似給はざりけり。**

注に「遍昭」と「覚忠」が僧正の位にあり歌人としても有名だったとある。中院僧正は宗順と少将の公のやりとりに感動したと言いつつ、入道右府に伝えた内容はめちゃくちゃで全く歌が理解できていなかったのだから、「中院僧正は遍昭や覚忠と同じ僧正だが、歌については全く不案内で遍昭や覚忠とは似ていらっしゃらなかった」と考えてみると、文脈上問題がない。主語は中院僧正で、正解は**ウ**である。

問四 (1) この設問は各修辞法の意味を確認しながら消去法で解くのがよい（⇩**文法ガイド⑨・⑩**本冊63・67ページ）。はじめにⅠの歌の意味を見ておこう。

「かね」（終止形は「かぬ」）は現代語の「かねる」と同じで「〜できない」の意である。**「いかで」は疑問・反語・願望**の意があるが、ここでは、引用の「と」の前に書かれたことを**「どうにかして・何とかして」**知らせたいという**願望**の意である。「すがた」は「姿」と「菅田」の掛詞。**「袖をぬらす」「袖をしぼる」**は**「泣く」**意の慣用表現で、「袖ぬれてしぼりかねぬ」はこれによっている。Ⅰの歌意は「昨日見た菅田池（の水）で袖が濡れるように、あなたの姿（の美しさ）に（心打たれた）涙で袖が濡れて、絞ることもできなかったと、どうにかして知らせたい」である。

文の構造

初句（五）　二句（七）　三句（五）　四句（七）　五句（七）

きのふ見し／すがたの池に／袖ぬれて／しぼりかねぬと／いかでしらせむ

ア 枕詞はある特定の語を導くために用いられる五音節の言葉をいう。歌の詠み手が作るものではなく、**枕詞とそれが導く言葉が固定している慣用的なもの**である。初句か三句に用いられるが、「きのふ見し」、「袖ぬれて」という枕詞はない。

ウ 序詞はある語句を導きだすための前置きである。**初句と二句、または、初句から三句までの自然描写**の部分が序詞になりやすく、**そのあとに歌で伝えたい主情が続く**ことが多いが、この歌は「序詞（自然描写）＋言いたいこと（主情）」という構造にはなっていない。

オ 倒置は、**通常の語順と逆に語句を配置**して感動などを表現する修辞法である。この歌には語順の転倒はない。

ア・ウ・オは用いられていないので**イとエ**が正解だと判断できる。（「姿」と「菅田」が掛詞で、「池・ぬれ・しぼり」が縁語になっている（⇩**文法ガイド⑨**本冊63ページ）。）色々な修辞法のうちで、枕詞や序詞が見つけやすいのと比べて縁語はわかりにくいので、消去法で考えるのがよい。

(2) 「解釈」の設問なので、直訳した上で、選択肢を検討しよう。

文の構造

初句（五）　二句（七）　三句（五）　四句（七）　五句（七）

あまた見し／すがたの池の／影なれば／たれゆゑしぼる／袂なるらむ

「あまた」は**「たくさん」**の意、「すがた」は「姿」と「菅田」の掛詞、**「たれ」**は**「誰」**である。**「袂をしぼる」**は「（袂を絞らなければならないほど涙を流して）**泣く**」意の慣用表現である。

直訳は「たくさん見た（人の）姿ならぬ菅田の池のかげなので、（あなたは）誰のせいで涙に濡れた袖を絞って（泣いて）いるのだろうか」となる。**イ**と**オ**は泣いたことが否定されているので誤りである。Ⅱは、宗順が少将の公の見事な舞を見て、思いあまって送ったⅠへの返歌なのだから、涙は舞に対する感動の涙でなければならない。**ウ**は「悲しみの涙」とあるのが間違っている。**ア**は「あまた見しすがた」を「大勢の人が見ている」としたところが誤りである。残った**エ**は「あまた」が「たくさん」、「たれ」が「どなた」、「しぼる袂」が「涙の袂を絞っている」と正しく訳されている。「恋い焦がれて」は直接本文に書かれていないが、**姿の美しい稚児はしばしば僧侶の恋愛の対象になった**ので、誤りではない。**エ**が正解である。

Ⅰで宗順は、少将の公の舞姿に強く心ひかれたと訴え、Ⅱで少将の公は、そんなことを言っても一体誰に心をひかれたのだろうか、とはぐらかして突き放したのである。これは**第6講**（『伊勢物語』）で見た男女の贈答歌の約束事に準ずるものでもある（⇩**古文読解のための背景知識⑥**別冊28ページ）。

問五 場面と文の構造を見ていこう。

本文冒頭に、少将の公が「見目（＝見た目・外見）」もよく、舞もすぐれていたとある。

文の構造

（思ひあまりけるにや）、あくる日、**少将の公**のもとへいひやりける、
（作者の想像が書かれた挿入句）

…見えける を、**宇治の宗順阿闍梨** 見て、
（過去「けり」連体／「こと・さま」の省略／目的格／「が」を補う）

宗順が少将の公に歌を贈り、少将の公が返歌をしたのである。

中院僧正が「見物」し「聞」いたのはこの出来事である。**A**・**B**には宗順阿闍梨・少将の公が入る。

中院僧正の感動は本文では「いみじと思ひしめて」と書かれているので、**C**には「いみじ」の訳を入れればよい。「いみじ」はあとに来る言葉を強める語だが、強めるべき言葉が書かれていない時は、**文脈から、＋（プラス）の意味か、－（マイナス）の意味かを判断して具体的に訳す**重要語である（⇩「**いみじ**」別冊11ページ）。

ここは＋（プラス）の意味である。また、この気持ちはあとで「やさしくこそおぼえ侍りしか」と説明されている。「**やさし**」は「**優雅だ・優美だ・風流だ**」の意なので、**C**は「すばらしい」または「優雅だ・優美だ・風流だ」などを入れればよい。

このあとに「同じ入道右府に対面のついでに、このことを語り出で給ひて、」とある。格助詞「に」は現代語でもほぼ同じ意味で、ここでも、この話を語った対象を表しているので、**D**には「入道右府」が入る。語った内容を見ると、僧正は宗順の歌を「きのふ見しにこそ袖はぬれしか」と伝えている。これは「昨日見たので袖は濡れた」としか訳せないし、五七五七七という和歌の形式になっていない。少将の公の歌を「荒涼にこそぬれけれ」と伝えているが、これは「すさまじく濡れたなあ」の意で、もうめちゃくちゃである。また、和歌は大和言葉を使って詠むもので、「荒涼に」のような漢語を用いることはない。「優雅だと思った」と人に語りながら、実は全く歌のことをわかっていなかったから、入道右府は滑稽だと思ったのである。**E**は「理解していない・わかっていない」などを入れればよい。二重傍線部にある「をかし」には「風流だ」の他に「おもしろい・滑稽だ」の意があることも重要である。

問六 主要な作品の時代・作者・ジャンルを覚えよう。

ア『風姿花伝』は室町時代に世阿弥が書いた能楽論書。**イ**『今昔物語集』は平安時代の説話集。**ウ**『源氏物語』は平安時代に紫式部が書いた作り物語。**エ**『雨月物語』は江戸時代に上田秋成が書いた読本。**オ**『日本霊異記』は平安時代の説話集。**カ**『大和物語』は平安時代の歌物語。正解は**ア**と**エ**である。

コラム 古文読解のための背景知識⑫

「出家」は僧侶になることである。これを「家を出る」と表現するのは、僧は家を出て俗世から離れて修行に専念するのが、原始仏教のあり方だったからである。日本の仏教は、歴史の中で大きく姿を変えて今に至るが、古くは僧侶は結婚しなかった。けれども、人間だから、そばに女性がいれば恋愛関係になりかねない。そこで寺院では「童」「稚児」などと呼ぶ少年を召し使った。ところが、この少年たちがしばしば僧侶の恋愛の対象になったのである。本文は、こういった時代背景を知っていれば理解しやすい。

現代語訳・文法要点 ⑫ 童舞をめぐって（『十訓抄』）

問題⇨本冊74ページ

1 醍醐の桜会に、童舞おもしろき年ありけり。**2** 源運といふ僧、その時、少将の公〔＝源運〕とて、見目もすぐれてよく、舞も

醍醐寺の観桜会で、稚児たちの舞が見事な年があった。源運という僧が、その時は、少将の公といって、顔立ちも特別に美しく、舞も

かたへ〔そばにいる人＝他の舞人〕にすぐれて見えける〔過去・体〕を、宇治の宗順阿闍梨見て、（思ひあまりけるにや〔断定／疑問（結び「あらむ」など省略）〕）〔挿入句〕、あくる日、少将の公のもとへいひやりける〔過去・体（「歌」の省略）〕、

仲間たちに抜きんでて見えたのを、宇治の宗順阿闍梨が見て、思いあまったのだろうか、翌日、少将の公のもとに言ってやった（歌）、

きのふ見し〔過去〕すがたの池〔「菅田」「姿」掛詞〕に袖ぬれて　しぼりかねぬ〔完了〕といかで〔願望（↓）〕しらせむ〔意志（↑）〕

昨日見た菅田池（の水）で袖が濡れるように、あなたの姿（の美しさ）に（心打たれた）涙で袖が濡れて、絞ることもできなかったと、どうにかして知らせたい。

少将の公、返事、

少将の公が、返歌（をして）、

あまた見し〔過去〕すがたの池〔「菅田」「姿」掛詞〕の影なれば〔断定・已　順接確定〕　たれ〔疑問（↓）〕ゆゑしぼる袂なる〔断定〕らむ〔現在原因推量・体（↑）〕

たくさん見た（人の）姿ならぬ菅田の池の姿なので、（あなたは）誰のせいで（＝誰の舞姿に心打たれて）涙に濡れた袂を絞っているのだろうか。

といへりける〔完了　過去・体〕、時にとりて、めづらしかりけり。

と言ったのは、その時に当たって、すばらしかった。

3 中院僧正、見物し給ひ〔尊・補〕けるが、これを聞きて、いみじ〔＋－〕と思ひしめて、同じ入道右府に対面のついでに、このこと

中院僧正が、見物なさっていたが、これを聞いて、大変すばらしいと思い詰めて、同じ（中院の）入道右府に対面した機会に、このことを

を語り出で給ひ〔尊・補〕て、「やさしくこそ〔強意（↓）〕おぼえ侍り〔丁・補〕しか〔過去・已（↑）〕」とありければ〔過去・已　順接確定〕、入道殿〔＝入道右府〕、「歌はおぼえさせ〔尊敬〕給は〔尊・補〕む〔推量〕」など、の〔「言ふ」尊〕

語り出しなさって、「優雅に思われました」と言ったので、入道殿が、「歌は覚えていらっしゃるだろう」などと、おっしゃ

たまひけるを、「それればかりは、などか〔反語（結び「おぼえざらむ」など省略）〕」とて、「少将の公がり〔〜のもとへ〕、宗順阿闍梨、つかはし〔「やる」尊〕

ったところ、「それくらいは、どうして（覚えていないだろうか、いや覚えています）」といって、「少将の公のもとへ、宗順阿闍梨が、おやりになり

侍るに〔丁・補　ラ変・体（「歌」の省略）〕、

ます歌に、

◉**表示のある活用形**
- 接続助詞「ば」の接続する未然形・已然形。
- 係助詞の結びの連体形・已然形、疑問の副詞と呼応する連体形。
- 下に体言を補って解釈するとよい連体形。（体と表示。）

あらすじを確認しよう！ 解答

1 醍醐の桜会の①童舞が見事な年があった。

2 少将の公の舞が秀逸で、②宗順阿闍梨との間で歌がやりとりされた。

3 これに感心した中院僧正が③入道右府に伝えたが、僧正は歌を全く理解していなかった。

4 ④和歌の道というものは仏道に通じていることとは別だと思い、かえって尊く感じられた。

辞書を引こう！ 解答

- あまた（たくさん・数多く）
- ついで（機会）
- などか（どうして）
- がり（〜のもとへ）
- なかなか（かえって）

きのふ見しにこそ袖はぬれしか
（過去／強意（↓）／過去・已（↑））
昨日見たので袖は濡れた。

とよめるに、少将の公、

（完了）

と詠んだところ、少将の公は、

荒涼にこそぬれけれ
（強意（↓）／詠嘆・已（↑））
すさまじく濡れたなあ。

と、返して侍りし」と語り給ひけるに、たへがたく、をかしくおぼえけれど、さばかりの生き仏の、ねんごろにいひ出で給ひけることなれば、忍び給ひけるとなむ。ずちなくおはしけり。

（丁・補／過去・体／尊・補／逆接確定／＝中院僧正／尊・補／断定・已／順接確定／尊・補／強意（結び「言ふ」など省略）／尊・補）

と、返しておりました」と語りなさったので、（右府は）がまんできないくらい、おかしく思われたけれども、それほどの生き仏が、熱心に言い出しなさったことなので、がまんなさったということだ。（そのおかしさは）どうしようもなくていらっしゃった。

4 和歌の道は、顕密、知法の碩徳にはよらざりけりと、なかなか、いとたふとし。同じ僧正なれども、むかしの遍昭、今の覚忠などには似給はざりけり。
（打消／詠嘆／断定／逆接確定／尊・補／打消）

和歌の道は、顕教と密教の、仏教の教義に深く通じている徳の高さには関係がないのだなあと（わかって）、かえって、とても尊い。同じ僧正であるが、（中院僧正は、名歌人であった）昔の遍昭や、（同じく名歌人である）今の覚忠には似ていらっしゃらなかった。

発展演習編 13 言はで思ふぞ（『枕草子』）

問題⇩本冊78ページ

解答

問一　A（例）何日か／何日も／数日間
　　　B（例）物思いにふける／物思いに沈んでぼんやり見る
　　　C（例）上の句
問二　a ア　b イ　c ウ　d オ
問三　まじけれ
問四　ア
問五　オ
問六　イ・エ（順不同）

要旨　作者が長く里下がりし、それまで以上に悪口を言う者もいそうであった頃、宮の手紙が届いた。そこには「言はで思ふぞ」という古歌の一節があった。作者は返事を書こうとしたが、その歌の上の句が思い出せず、女の童（めのわらわ）に教えられた。しばらく経（た）って帰参し、遠慮がちにしていると、宮は新参り（いままいり）かと笑って、変わりなく迎えてくれた。

文学史　『枕草子（まくらのそうし）』平安時代の随筆。作者は清少納言（せいしょうなごん）。内容は、一条天皇中宮定子（ていし）に仕えた時の、宮中の生活をつづった日記的章段、「〜は」や「〜もの」で始まって、作者の美意識を展開した類聚（るいじゅう）的章段、自然や人事について自在につづった随想的章段に大別され、「をかし」の美を基調としている。「あはれ」を基調とする『源氏物語』と並ぶ平安文学の傑作である。

問一　A「日ごろ」は「何日かの間・数日間」などと訳す重要語。現代語の「日ごろ」（＝普段・平生（へいぜい））の意であることは少ない。

B「ながむ（眺む）」は「物思いにふける・物思いに沈んでぼんやり見る」意が中心である。別の語だが、**「詩歌を口ずさむ・詠じる」意の「ながむ（詠む）」もある**ので、文脈を確認して訳そう。（「物思いにふけっている」存続の言い方を「物思いにふけている」と誤るケースが目立つが、「ふけている」と言うのは年齢や夜である。「物思い」を自分の言葉として使わないための誤りだろう。**「物思い」**は**「つらい思い・悩み」**の意である。）古語は、典型的な訳語を、意味を理解して、覚えるようにしよう。また、日常生活でも、言葉を丁寧に使い、語彙を増やす努力をしよう。

C**「もと」**は多義語だが、「歌の本（もと）」と言えば、和歌の「上の句」の意である。五七五七七のうちの、**上の句「五七五」を「本」、下の句「七七」を「末（すゑ）」**という。対にして覚えておこう。

問二　文法でいう「識別」は、見かけが同じで、意味や文法的な性質が異なるものを区別させる、頻出の出題分野である。**「なり／なむ／に／ぬ・ね／る・り」は五大識別**と呼んでよいほど、繰り返し問われている。

文法　「に」の識別

①**完了の助動詞「ぬ」の連用形**
・連用形接続で、直後に他の助動詞が来る。
　→「にけり・にき・にたり・にけむ」の形をとる。
（連用形接続の「に」はこれしかないが、直後に助動詞が来ることを知っていた方が簡単に識別できる。）

②**断定の助動詞「なり」の連用形**
連体形／**体言**　＋　に（＋助詞）＋※**補助動詞**「あり」の形が多い。

※補助動詞＝「あり」とその敬語である「おはす・おはします」・「侍（はべ）り・さぶら

ふ・さうらふ」

③ナリ活用の形容動詞の連用形の活用語尾
・「に」の前が物の状態や性質を表し、「に」と合わせて一語だと考えられる。
・**「〜げに・〜らかに・〜やかに・〜らに・〜かに」**の形が多い。

④接続助詞
・**連体形**接続で、「ので（順接）」「けれども・のに（逆接）」「と・ところ（単純接続）」のどれかで訳せる。

⑤格助詞
・**体言**、**連体形**に接続して、②や④に当てはまらない。（多くの意味・用法があるが、ほとんどは現代語の格助詞「に」と共通する。）

aはラ行四段活用動詞「なる」の連用形「なり」に接続して、直後に過去の助動詞「ける」を伴っているので、**ア**完了の助動詞である。**b**は体言「仰せ書き」に接続して、あとに補助動詞「あら」を伴っているので、**イ**断定の助動詞である。**c**は体言「紙」に接続して、あとに補助動詞がなく、「である」という断定の訳も当たらないので、**ウ**格助詞である。**d**は「あからさま」が「ちょっと・仮に」という状態を表し、「あからさま」は一つの単語として説明がつかず（十品詞のうちのどれにも当たらない）、「あからさまに」で一語と考えるのがよいので、**オ**形容動詞の一部である。（終止形は「あからさまなり」。）

「に」について、二点補足する。

① 補助動詞という言葉は敬語を理解する時に必須だが、ラ変動詞「あり」にも補助動詞の用法がある。「あり」はもともと人や物事などの存在を表す（〜がある・〜がいる）が、存在の意を表さず、「〜である」意のものを補助動詞という。「おはす・おはします」にはその尊敬語、「侍り・さぶらふ・さうらふ」にはその丁寧語の用法がある。

文法 **補助動詞** その動詞が持つ具体的な意味が失われた用法の動詞。敬意・断定などを表す。（これと区別するために、もとの意味で用いている動詞を**「本動詞」**と呼ぶことがある。本動詞も補助動詞も品詞は動詞で、意味・用法から区別する。）

② 接続助詞の「に」は格助詞「に」から出たため、**連体形に接続している「に」は接続助詞か格助詞かが区別できない**ものがたくさんある。また、**接続助詞の訳にもこだわらなくてよい**。もともと「に」で二つの文をつないだだけなので、同じ接続助詞でも「ば」や「ど・ども」「とも」のような具体的な意味を持っていない。現代語にはこの「に」と同じ意味を表す語がないので、順接・逆接・単純接続の中から一番ふさわしい訳を選ぶのである。

文法 **接続助詞「に」**
……**連体形**[**に**]、……。
（一つの文／一つの文　単に二文をつなぐ）

問三 副詞「え」は打消表現と呼応して不可能の意を表す。動詞の前に「え」があったら、あとに打消表現をさがそう。

文法 **呼応の副詞「え」**
「え」＋**動詞**＋※**打消表現**＝不可能を表す。
※**打消表現**＝**ず**（打消の助動詞）、**じ・まじ**（打消推量などの助動詞）、**で**（打消接続の助詞）、**なし**（存在の打消を表す形容詞）

本文では「え」が助動詞「まじ」と呼応しているが、この設問に**「まじ」と答えてはならない**。助動詞「まじ」が係助詞「こそ」を受けて已然形になっているので、「まじけれ」が正解である。（「まじ」を一語と見なして「けれ」と分けると、「けれ」を過去の助動詞と考えたことになるが、過去の「けり」は連用形接続なので合わない。助動詞「まじ」に助動詞「けり」が付いた形は「まじかり・けり」である。）

問四 **文章の中に有名な和歌の一節を引用すること**を「**引き歌**」という。書き手は、読み手が自分と同等の知識を持っていることを想定するので、**和歌の一部だけを引用するが、伝えたいのは和歌全体**である。

「心には…」の歌は「私の心の中には、地下を流れてゆく水がわき返っていて、（それと同様に）口に出さないで思っていることは、口に出して言うこと以上である」と直訳できる。「言わないで思っていることは言う以上なのだ。口には出さないけれど、あなたへの思いはとても深い」という歌である。これを本文の導入文とあわせて考えれば、中宮の思いは『私のもとに戻ってほしい』と口では言わないけれど、帰参を心から待ち望んでいる」ということである。正解は**ア**である。

イは「多くの言葉を書き連ねる」が「言はで」と合わないし、言葉に関する一般論になっているところも誤りである。**ウ**は「父を失ってつらい時期に、私的な揉め事で任を離れたことへの恨みは言わない」が言わないことの内容を間違えて補っており、誤りである。歌中の「思ふ」と「言ふ」はともに**準体法**で、「言わないで思っていること」と「口に出して言うこと」が比較されている。傍線部**1**における各々の内容は「口には出さないが、帰参を願っていること」と「口に出して、帰参してほしいと言うこと」と考えるのが正しい。**エ**は、中宮の思いの中心が立場上言いたいことを言えないつらさになっている点と、作者への思いに触れていない点が誤り。**オ**は「言はで思ふ」の主語が作者になっているところが誤り。

問五 まず、設問が「誰の」「どんな心情」かの二点を問うており、各選択肢が「○○の」「○○心情。」となっていることに注目する。本文には中宮定子と、作者を含む召使いが登場しているので、**敬語から主語がわかる**可能性を考えよう。**登場人物に身分差があり、尊敬語の使用に差があれば、主語を考える手がかりにすることができる**（⇩**入門編⑤A**本冊16ページ）。本文で確認すると、会話と手紙以外では中宮にのみ尊敬語が用いられ、その他には用いられていない。

「さぶらふ」は謙譲語の用法と丁寧語の用法があるが、古文の**丁寧語は会話文中に用いられる**のが基本であること、中宮のもとに仕えると考えられることから、ここは「仕ふ」の謙譲語である。主語は中宮ではないので、**ア・イ**は誤りである。

次に、本文が『枕草子』の中のいわゆる「**日記的章段**」で、**主語が明記されておらず尊敬語がない部分の主語は作者の可能性が高い**ことを思い出そう（⇩**入門編⑤B**本冊18ページ）。本文の内容からも、「長女（をさめ）」の役割は作者に手紙を届けることで終わっており、ここで主語として考えることは適当ではない。**ウ・エ**は誤りである。

「御几帳にはた隠れてさぶらふ」は**注**を生かせば、作者が「御几帳に半分隠れてお控えする」と訳すことができ、場面は「御返りまゐらせて、すこしほど経てまゐりたる（＝中宮さまの手紙に御返事を差し上げて、少し時がたってから参上した）」、「『いかが』と例よりはつつましくて（＝『中宮さまの御様子はどうだろう』と普段よりは遠慮されて）」とあるのだから、**カ**の「名歌を思い出せなかった」は誤りで、**オ**が正解である。

問六 各選択肢が本文のどこに関して述べたものかをつかんで、検討しよう。

アは「帰参」後のことなので、本文15行目「すこしほど経てまゐりたる」以降を読んで考える。女房たちの反応は書かれていないので誤りである。

イは「直筆の手紙」かどうかが確認したい部分で、「文を持て来たり」とある3行目以降から考える。「人づての仰せ書きにはあらぬなめり」とある。「**仰す**」は「**言ふ**」**の尊敬語**で、「**仰せ書き**」は**貴人がおっしゃった言葉をそばに仕える者が書き取った代筆の手紙**ということになる。それが「にはあらぬなめり（＝ではないようだ）」と否定されているのだから、「直筆の手紙」ととってよい。これに対して、作者は「胸つぶれて、疾く開けたれば（＝胸がどきどきして、すぐに開けたところ）」「いみじう日ごろの絶え間嘆かれつる、みな慰めてうれしき（＝ひどくこの何日かのお便りの絶え間が嘆かれたことも、すべて慰めてうれしい）」とあるので、「強く心を動かされた」も正しい。

ウは「長い里居で気がゆるんで」が誤り。古歌を忘れた理由は書かれておらず、12行目「ただ、ここもとにおぼえながら（＝もう、このあたりまで思い出していながら）」とあるので、たまたま忘れたのだと考えられる。

エは「軽口で」を確認したい。本文の末尾で久々に参上し、几帳に隠れるようにして控えている作者に、中宮は「新参りか」と声をかける。**「新参り」**は**「新しく参上した者」**。現代でも新入社員は緊張するものだが、自宅でごく限られた人以外とは顔を合わせない生活をした貴族の女性は、「女房」として初めて出仕する「新参り」の時はひどく緊張した。作者はこの時「新参り」ではない。この言葉は、普段の活発さと打って変わって遠慮している作者を、中宮がからかったと読むのが正しい。まさに**「軽口（＝軽い調子のおもしろい言葉）」**である。この言葉からは、作者の緊張をほぐし、また、自身のつらさや寂しさをも軽やかに流してしまおうとする中宮の、機知・強がり・喜びなどを読み取ることができる。

オは「慎重な中宮」も「浅慮な行動もする作者」も本文に書かれていない。また、作者は機知あふれる振る舞いで知られたが、「言はで思ふぞ」の手紙を送り、「新参りか」と声をかけるさまからは、中宮も作者と似た心の用い方をする人であったことがうかがわれる。**「好対照（＝二つのものの違いがはっきりしていること）」**も誤りである。

カは「長女も口には出さないが」が誤り。長女は9行目「などかは、まゐらせたまはぬ（＝どうして、参上なさらないのですか）」と言っている。

キは「急いで帰参した」が誤り。15行目に「すこしほど経て（＝ちょっと時間がたって）」とある。（**「ほど」**は「様子・時間・距離・広さ・身分」など、**具体的に訳す**のが基本である。**「時」**を表して「とき・ころ」などと訳す用法が多い。）正解は**イ**と**エ**である。

コラム　古文読解のための背景知識⑬

身分のある女性が、仕事を持つどころか、外出すること、人目に触れることさえも良しとされなかった時代に、貴人に仕える「女房」は例外的な存在であった。強力な人脈が得られるなど、益も大きかったが、人目にさらされる女房勤めは、必ずしも楽しいものではなかった。けれども清少納言は一条天皇の中宮定子に仕えて、気の利いた言葉を発し、和漢の知識を披露し、時には男たちをやり込めて、やはり快活な性格であった定子を盛り立て活躍した。

しかし、定子は関白であった父道隆を亡くしたあと、叔父道長に追い詰められていく。兄弟が流罪になり、衝動的に髪を下ろした定子を、帝は異例の厚遇でかばったが、定子は二十五歳の時出産が原因で亡くなる。定子のもとでの楽しかった思い出だけをつづったのが『枕草子』である。

定子兄弟と道長が対立した時、貴族たちは「昼間は道長に仕え、夜になると伊周（定子の兄）のもとへ参じた」という。父を失ったが定子は第一皇子らを生んでいる。道長は権勢並びないが、同じ一条天皇の后とした娘彰子は幼く、出産は遠い。事態は流動的であった。人脈がものをいう貴族社会で、劣勢な方だけに付いていたら、自分も割を食ってしまう。定子に仕える女房たちも疑心暗鬼になり、清少納言にも、「もしや」という疑いの目が向けられたことがあったのだ。

定子は長く里に下がっていた清少納言に再三出仕を促した。「こんな時だからこそ、おまえにいてほしい」。そして、清少納言は帰参するのである。立場や身分、損得を超えたつながりが、そこにはあった。

現代語訳・文法要点 ⑬ 言はで思ふぞ（『枕草子』）

問題⇨本冊78ページ

1 「まゐれ」など、たびたびある仰せ言をも過ぐして、げに久しくなりにけるを、また、宮の辺には、ただあなた方にいひなして、そら言なども出で来べし。

（宮からの）「参上せよ」などと、たびたびあるお言葉をも聞き流して、本当に（里居が）長くなってしまったことを、また、宮の辺りでは、（女房たちが）完全に（私を）あちら側（＝道長側）のように仕立て上げて、嘘なども出てくるにちがいない。

2 例ならず仰せ言などもなくて、日ごろになれば、心細くてうちながむるほどに、長女、文を持て来たり。「御前より、宰相の君して、しのびて賜はせたりつる」と言ひて、ここにてさへひきしのぶるもあまりなり。

いつもと違って（宮の）お言葉などもなくて、何日かになるので、心細くて物思いにふけっている時に、長女が、手紙を持って来た。「中宮さまから、宰相の君に命じて、こっそりくださった（ものです）」と言って、ここ（＝私の家）でまでも声をひそめて忍びやかにするのもあんまりだ。

「人づての仰せ書きにはあらぬなめり」と、胸つぶれて、疾く開けたれば、紙には物も書かせたまはず、山吹の花びら、ただ一重を包ませたまへり。それに「言はで思ふぞ」と書かせたまへる、いみじう日ごろの絶え間嘆かれつる、みな慰めてうれしきに、長女もうちまもりて、「御前には、いかが、物の折ごとにおぼしいできこえさせたまふなるものを。誰も『あやしき御長居』とのみこそ侍るめれ。などかは、まゐらせたまはぬ」と言ひて、「ここなる所に、あからさまにまかりてまゐらむ」と言ひて、いぬる後に、御返りごと書きてまゐらせむとするに、この歌の本、さらに忘れたり。

3 「女房に口頭で伝えて宮のお言葉を書き記したものではないようだ」と、胸がどきどきして、すぐに開けたところ、紙には何もお書きにならず、山吹の花びら、たった一枚をお包みになっている。それに「言はで思ふぞ」とお書きになっているのは、（拝見すると）ひどくこの何日かの（お便りの）絶え間がふと嘆かれたことも、すべて慰めてうれしいが、長女もじっと見て、「中宮さまにおかれては、どんなにか、何かの折ごとに思い出し申し上げなさっているとかいうことですのに。誰もが『奇妙な長いお里帰り』とばかり言っているようです。どうして、参上なさらないのですか」などと言って、「こういう所に、ちょっと出かけて（それからまたこちらへ）伺いましょう」と言って、**4** 行ったあとで、（私は）御返事を書いて差し上げようとするが、この歌の上の句を、すっかり忘れていた。

「いとあやし。同じ古ごとといひながら、知らぬ人やはある。ただ、ここもとにおぼえながら、言ひ出でられ

「本当に妙だ。同じ古歌とはいいながら、（こんな有名な歌を）知らない人がいようか。もう、このあたりまで思い出していながら、言い出せないのは、

◉表示のある活用形
- 接続助詞「ば」の接続する未然形・已然形。
- 係助詞の結びの連体形・已然形、疑問の副詞と呼応する連体形。
- 下に体言を補って解釈するとよい連体形。（体と表示。）

あらすじを確認しよう！ 解答

1 作者が宮からのたびたびの ①仰せ言 も聞き流して実家にいるうちに、ますます作者を悪く言う者もいそうだった。

2 お言葉もなく ②日ごろ になる時、③長女 が手紙を持ってきた。

3 ④山吹の花びら を包んだところに、古歌の一節が添えてあった。

4 作者はその歌の ⑤本 が思い出せず、女の童に教えられた。

5 帰参して遠慮がちにしていると、宮は ⑥新参り かと笑って、変わりなく迎えてくれた。

辞書を引こう！ 解答

- そら言（嘘）
- 疾く（すぐに・急いで）
- まもる（見つめる・じっと見る）
- など（どうして）
- いぬ（行く）

打消・体　八四・体　存続・体　強意(↓)　「言ふ」丁 サ四・已(↑)　完了・体　疑問(↓)

ぬは、いかにぞや」など言ふを聞きて、前にゐたるが、「『下行く水の』とこそ申せ」と言ひたる、など、かく忘

どうしたことか」などと(私が)言うのを聞いて、前に座っている女の童が、「『下行く水の』と申します」と言ったのは、どうして、このよう

断定　推量・体(↑)　＝前にゐたる(女の童)　受身・体

れつるならむ。これに教へらるるも、をかし。

に忘れてしまったのだろうか。この子に教えられるのも、おもしろい。

「与ふ」謙　「行く」謙　疑問　比較

5 御返りまゐらせて、すこしほど経てまゐりたる。「いかが」と例よりはつつましくて、御几帳にはた隠れて

御返事を差し上げて、少し時がたってから参上した。「(中宮さまの御様子は)どうだろう」と普段よりは遠慮されて、御几帳に少し隠れてお控えす

「仕ふ」謙 八四・体　＝作者　疑問・文末用法　尊敬　尊・補　断定　強意

さぶらふを、「あれは、新参りか」など、笑はせたまひて、「憎き歌なれど、『このをりは、言ひつべ

るのを、(宮は)「あれは、新しく仕えた女房か」などと、お笑いになって、「(『言はで思ふぞ』は)気に入らない歌だけれど、『この場合は、ぜひ言うべきだなあ

詠嘆　強意(↓)　八四・体(↑)　全く(↓)　打消接続(↑)　不可能(↓)　強意(↓)　不可能・已(↑)　「言ふ」尊

かりけり』となむ思ふを。おほかた見つけでは、しばしもえこそ慰むまじけれ」などのたまはせて、かはり

(＝ふさわしい歌だなあ)』と思うの。全く(そなたを)普段に見ることがなくては、少しの間も気持ちを慰めることはできそうにない」などとおっしゃって、(以前と)

たる御けしきもなし。

変わった御様子もない。

発展演習編 14 扇引きの思い出（『讃岐典侍日記』）

問題⇩本冊82ページ

解答

問一 X キ　Y オ
問二 ア
問三 1 カ　2 カ　3 ア
問四 A エ　B オ　C エ
問五 で
問六 異
問七 イ

要旨 去年の六月、帝は作者たち女房に外出を許した。作者はそのまま外泊しようとしたが、常陸殿が宮中に帰ることを勧めた。作者が戻ると、帝は扇引きを始めようとしたが、作者は明るい時がよいと主張した。翌朝の扇引きで作者は最初に引くことを許され、望まないものを引いて投げ出すと、帝は笑い、但馬殿はおもしろがった。帝の死後、この時を回想して、作者は無礼な行動を悔やみ、ありがたく思った。

文学史 『讃岐典侍日記』平安時代の日記。讃岐守藤原顕綱の娘・藤原長子作。作者は内侍司の次官で、堀河帝に近く仕えて、深い信頼と寵愛を得ていた。上巻には、帝の、発病から一か月の闘病を経て、二十九歳で没するまで、懸命に生きた人間的な姿が鮮明に描かれている。下巻では、堀河帝の第一皇子の鳥羽帝が即位し、求められて再出仕した作者の、折あるごとに亡き帝を追慕するさまが描かれている。

問一 常陸と但馬はともに旧国名である。旧国名とその位置を知っておくとよい。「常陸」は現在の茨城県とほぼ重なり、「但馬」は現在の兵庫県の北部に当たる。「常陸殿」も「但馬殿」も堀河天皇に仕える女房だが、**女房たちは本名では呼ばれず、父親や夫など身近な男性の官職名にちなんだ呼び名で呼ばれた。**例えば、紫式部は父親が式部省の役人だったことによる呼び名で（「紫」は『源氏物語』の登場人物「紫の上」によるとされる）、和泉式部ははじめの夫が和泉守であったことによる。「常陸殿」も「但馬殿」もその地に赴任した縁者に由来する呼び名かと思われる。

問二 **助動詞「む」は「ん」**と表記することもあり、意味は**①推量**、**②意志**、**③適当・勧誘**、**④仮定・婉曲**の四分類が基本である（⇩**文法** **助動詞「む（ん）」の意味** 別冊10ページ）。**①から③は文末で用いられ**文脈から意味を判断するが、**④は必ず文中に連体形で用いられる**ことで判断することができる。

ここで、**「と・とて・など」が引用の用法である時にはカッコを付ける**と文の構造が見えてくることを思い出そう。多くの問題文は会話と手紙にはカギカッコが付けられているので、引用の「と・とて・など」によって、会話と手紙以外の思ったこと、聞いたことなどを見つけたら、丸カッコを付けていくと読解のヒントが得られる（⇩**入門編④**本冊15ページ）。この手順を踏むと、**a**から**c**は文末で用いられていることがわかる。

aは（見ん）に丸カッコが付き、「見よう・見たい」と訳すことができるので、意志の用法である。同様に、**b**は（今宵とまりて、心やすき所にてうち休まん）に丸カッコが付き、「今夜は泊まって、気楽な所でちょっと休もう」と訳すことができるので、意志の用法である。**c**は『扇引きなど、人々にせさせん』が会話文中の会話なので二重カギカッコでくるとわかりやすい。「扇引きなどを、人々にさせよう」と訳すことができ、意志の用法である。これに対して、**d**と**e**は文中で連体形で用いられているので、仮定・婉曲の用法だとわかる。正解は**ア**である。

d・eのあとには「こと」などの体言やそれと同じ働きの助詞「の」を補うことができる。「ん」を直訳すると、d「夜が明ける**ような**ことの」、e「暗くて見えない**ような**ことが」などとなるが、d「夜が明けることの」、e「暗くて見えないことが」とした方が現代語としては自然である。**文中の「む（ん）」を仮定や婉曲**の意味を表すとするのは、推量の助動詞が文中に出ると、柔らかい感じになるのがもとである。このニュアンスは現代語に表しにくく、**訳さない方が自然なことが多い**。

問三 主語の問題は問われている箇所だけ見ても解けないので、全文を読んでいく必要がある。本問では**問四**の意味の設問も文脈がわからないと解けないので、敬語などもヒントにして、本文を読んでいこう。

本文冒頭の「御心地よげに遊ばせたまひて」は、導入文の内容と、尊敬語があることから、主語は帝だと考えられる。次に「人々」とあるが、**宮中や貴族の邸内で、特に説明がなく「人」「人々」とあったら「女房」を表す**可能性が高い。**「女房」は貴人の邸で一室を与えられて仕える、身分のある召使いの女性**をいう。主人の身の回りの世話などをするのが役割で常にそばにいるため、いちいち「女房」と書かれず、「人」「人々」と書かれるのである。ここは「堀川の泉を、女房たちが、見たいと言った」ととるのがよい。女房には尊敬語は使われていない。そこで、次の尊敬語の「おぼしめし」、「すすめつかはし」の主語は帝で、この帝の意向を受けて、「われ（＝作者）」が宮中を出て、「人たち（＝女房たち）」を待ったのである。傍線部**1**の前には「が」でなく「を」が補われることに注意しよう。**補って訳す助詞は「が・を・は」**が基本だが（**⇩入門編②**本冊13ページ）、書いていない助詞はその前後の要素の関係を**文脈から判断して補う**ので、丁寧に考える必要がある。**1**の主語は作者である。

一日泉で遊んだ作者は、今晩は外泊しようと考えるが、それに対して、常陸殿が意見しているのが傍線部**2**である。「参らせたまへ」は「参ら（「行く」の謙譲語）」に「せ（尊敬の助動詞）」と「たまへ（尊敬の補助動詞）」が付いた命令文で「参上なさいませ」と訳すことができる。**命令文の主語は、命令の意を外して考えると**わかりやすい。外泊しようとしたが、意見されて宮中に戻る人は作者である。**2**の正解は作者である。（すぐあとに、「扇引きをさせようと準備して待っているから」と理由が書かれているが、女房たちに扇引きをさせようとする人は帝しか考えられない。常陸殿は、帝が待っているため、作者に宮中に戻るように勧めたのである。）

ここで、謙譲語「参ら」は帝に対する敬意、尊敬語「せ・たまへ」は作者に対する敬意を表すことになるが、**会話文中では話し相手への配慮から、身分と相関しない敬語が用いられる**ことも多い。尊敬語があるから主語は作者ではない、と考えないようにしよう（**⇩入門編⑤A❷**本冊17ページ）。

常陸殿の意見で作者は宮中に戻る。それを待ち受けていて、泉の様子などを尋ね、扇引きを始めようとするのだから、傍線部**3**の主語は帝である。この部分では、「待ちつけて」「問ひ」「仰せられ」と**同じ主語についての述語が連続**している。こういう場合には、**前の方の尊敬語は省略される**ことが多い。**3**には尊敬語がないが、主語は帝である。

問四 A「あな」は「ああ・まあ・あら」などと訳す感動詞。「**ゆゆし**」は、もとは「**❶不吉だ・縁起でもない**」の意だが、強める意「**❷たいへん・特別に**」や、とてもよいことを表す「**❸すばらしい、等**」、とても悪いことを表す「**❹ひどい・とんでもない、等**」の意もある。**❸・❹**はあとに強めることができる具体的な言葉がない時の訳で、文脈から**❸**か**❹**かを判断して、具体的に訳す。（「ゆゆし」は「**いみじ」とよく似た意味の語**である。）

本文では、今夜は外泊しようという作者に、常陸殿が帝が待っているから帰らなくてはだめだと意見する部分に使われているので、**❹**の意である。正解は**エ**である。

Bは選択肢からわかる通り、傍線部のあとに補う言葉が問われている。「さは」は指示副詞「さ」に係助詞「は」が付いた語で、**前の部分を受けて**「**それでは・それなら**（口語的に言えば「それじゃあ」）」と訳す。問三傍線部3の解説でみた通り、これは作者が戻るのを待っていた帝の言葉だから、「おまえも戻った、泉の様子も聞いた、それでは」の意で、あとには「扇引きをやろう」の意を読み取ることができる。正解は**オ**である。

C「**つとめて**」は「早朝・早くから」の意の「つとに」と同じ語源で、「**❶早朝**」、「**❷翌朝**」の意を表す。**何か特別な出来事が書かれている場面では、その翌朝**の意味で❷のように訳す。本文も作者が外出先から帰って、人々の表情が見える時刻に扇引きをしたいと提案したあとなので、❷の意で、正解は**エ**である。選択肢は文脈を踏まえて「泉から戻った」が補われている。

問五 動詞の前に「**え**」があったら、**打消の表現**があることを確認して、**不可能**の意で訳す。打消表現は打消の助動詞「**ず**」だけでなく、打消推量などの助動詞「**じ・まじ**」、打消接続の助詞「**で**」、存在の打消を表す形容詞「**なし**」もあることに注意する（⇩**文法 呼応の副詞「え」**別冊59ページ）。

不可能は「〜できない」と訳すのが基本だが、あとの打消表現の語の意味も加えて訳すようにする。「え引き当てで」は「**で**」が前のことを打ち消してあとにつなげる意なので「引き当てることが**できなくて**・引き当てることが**できずに**」、13行目に出てくる「えせじ」は「**じ**」が打消推量の意なので「することは**できないだろう**」と訳す。

問六 古文で「こと」と読む漢字は「事・言・琴・殊・異」などがある。「**異**」は、現代語では「異なる」と「異にする」以外は「い」と読む（例 異文化・異国・異質）。**古文では「い」とは読まない**のが基本で、「**異〜**」**の形で、**「**他の〜**」**の意の熟語**を作る。（例「異国（ことくに）」（＝他の国）、「異事（ことごと）」（＝他のこと）、「異心（ことごころ）」（＝他を思う心・浮気心）。）本文の「ことひと」は「作者以外の他の人」の意だから「異人」という文字を当てる。正解は「異」である。

問七 本文9行目からは扇引きの場面である。帝は女房たちを呼び集め、大弐（だいにの）三位（さんみ）らが居並んでいる。その時、帝が「最初に扇を引け」と声を掛けた相手は誰か。本文は『讃岐典侍日記』で、特に対象が書かれていないのだから、対象は作者だと読むべきである。従って、目当てのものを引けなくて、引き当てた扇を投げ出したのも作者である。これに対して、帝は「こんなやり方があるか」と笑い、但馬殿が感想を漏らす場面である。「家の子」は「家族・身内」、「や」は詠嘆、「ことひとは、えせじ」は「あなた以外の人は、そんな振る舞いはできないだろう」の意である。正解は**イ**である。

人物関係を読み取ることができれば、大弐三位を含む選択肢が誤りであることは容易にわかる。また、「**興ず**」は「**おもしろがる・興（きょう）に入（い）る**」の意のサ変動詞なので、選択肢の末尾に注目すれば、速く正解に至ることができる。

ア 但馬殿が、作者の、堀河天皇からの厚意を踏みにじるような振る舞いに、いくら何でも許されないことだと憤っている。×

イ 但馬殿が、作者の遠慮のない振る舞いから、堀河天皇に対して完全に心を許しているさまを見て取り、おもしろがっている。○ ⇩○

ウ 但馬殿が、作者の子供じみた振る舞いを、堀河天皇が笑ってやり過ごしたことを、公の場ではありえないことだと驚いている。×

エ 但馬殿が、作者の思慮を欠いた振る舞いを、大弐三位がたしなめもしないので、姉妹とはいえ、甘えが過ぎるとあきれている。×

オ 但馬殿が、大弐三位の、作者の威を笠に着た有り様に、宮中に奉仕する女官としてあるまじきことだと、苦々しく思っている。×

カ 但馬殿が、大弐三位の、乳母としての立場に甘えた大胆なやり方を見て、余人にできることではないと興に入っている。×

コラム 古文読解のための背景知識⑭

堀河天皇の后妃には中宮（十九歳年長で叔母に当たる）・女御（大納言実季の娘で鳥羽天皇生母）などがいた。作者は内侍司の次官で、天皇のそば近くに仕えて、取りつぎなどの雑事をつかさどる女官である。「讃岐」と呼ばれる通り（父が讃岐守であった）中下流貴族の娘に過ぎないが、それ故に帝に最も近く仕えた。（后妃は身分的な制約から、常に天皇のそば近くあることはなく、帝の病を手ずから看病することもない。）帝も作者に深い信頼と親しみをもって、病苦の時は甘え、頼り、時には逆に思いやりもした。作者は特別な存在であった。

本文中の作者の振る舞いは身分や立場を逸脱しているが、儀礼と慣習に縛られた宮中の日々で、帝はこうした時間を心から慈しんでいたのだと思われる。

現代語訳・文法要点 ⑭ 扇引きの思い出（『讃岐典侍日記』）

問題⇨本冊82ページ

1 六月になりぬ。暑さ所せきにも、まづ、去年のこのころは、事もなく、御心地よげに遊ばせたまひて、堀川の泉、

1 六月になった。暑さがきびしいのにつけても、まず、去年の今頃は、（堀河天皇は）何事もなく、お気持ちよさそうに過ごしていらっしゃって、堀川の泉を、

人々見んとありしを、（何とおぼしめししにか）、あながちにすすめつかはししかば、「おぼしめすことなれ

女房たちが見たいと言ったのを、どうお思いになったのであろうか、強く勧めて行かせなさったので、「（帝が）お考えになっているこ

ば、まづ明日」とて、われはいでて、人たち待ちしに、二車ばかり乗り連れて、日ぐらし遊びて帰りしに、

となので、まず明日」といって、私は出かけて、人々を待っていたが、（人々は）二台ほどの牛車に乗って連れ立って来て、一日中遊んで帰ったが、

2 今宵とまりて、心やすき所にてうち休まん、と思ひて、とどまりしを、常陸殿といふ女房、「あな、ゆゆし。

2（私は）今夜は（ここに）泊まって、気楽な所でちょっと休もう、と思って、とどまったのだが、常陸殿という女房が、「まあ、とんでもない。

ただ参らせたまへ。扇引きなど、人々にせさせんなどありし。御扇ども設けて、待ちまゐらせさせたまふに」と

ぜひ参内なさいませ。（帝は）扇引きなどを、女房たちにさせようなどと（お言葉が）あった。御扇を色々準備して、お待ち申し上げなさっているから」と

あれば、この人たちに具して参りぬ。**3** 待ちつけて、泉のありさま、うちうちに問ひなどして、「扇引き、今宵は、さ

いうので、その人たちに連れ立って宮中に戻った。3（帝は）待ちうけて、泉の様子を、内々尋ねなどして、「扇引きを、今夜は、それでは

は」と仰せられしかば、「明けんが心もとなさに、今宵と思ふに、人たちのけしきの暗くて見えざら

とおっしゃったので、（私は）「夜が明けるのが待ち遠しいので、今夜（やりたい）と思いますが、人々の様子が暗くて見えないのが、

んこそ、くちをしくさぶらへ」と申ししかば、**4** つとめて、明くるやおそきと始めさせたまひて、人たち召し

残念でございます」と申し上げたので、4 翌朝、（夜が）明けるやいなや（帝は扇引きを）お始めになって、人々を呼んで座ら

据ゑて、大弐三位殿をはじめてゐあはれたりしに、「まづ引け」と仰せられしかば、引きしに、美しと見し

せなさって、大弐三位殿をはじめとして（人々は皆その席に）居合わせなさったが、（帝は私に）「まず引け」とおっしゃったので、（私が）引いたところ、美しいと

をえ引き当てで、中にわろかりしを引き当てたりしを、うへに投げ置きしかば、**5**「かかるやうやある」と

思っていた扇を引き当てることができなくて、中でもよくなかったものを引き当てたので、（帝の）御前に投げ出したところ、5（帝は）「こんな（無作法な）ことが

て笑はせたまひたりしことを、但馬殿といふ人の、「家の子の心なるや。ことひとは、えせじ」など、興じあはれ

あるか」といってお笑いになったことを、但馬殿という女房が、「身内の心ですね。他の人は、できないでしょう」などと、皆とおもしろがりな

●表示のある活用形
・接続助詞「ば」の接続する未然形・已然形。
・係助詞の結びの連体形・已然形、疑問の副詞と呼応する連体形。
・下に体言を補って解釈するとよい連体形。（体と表示。）

あらすじを確認しよう！ 解答

1 去年の六月、帝は作者たち女房に ①堀川の泉 への外出を許した。

2 外泊しようとする作者に ②常陸殿 が宮中へ戻ることを勧めた。

3 宮中へ戻ると、帝は ③扇引き を始めようとしたが、作者は明るい時がよいと主張した。

4 翌朝、作者は最初に引くことを許されるが、思ったものを引けなくて ④うへ に投げ出した。

5 帝はこの振る舞いを笑ったが、のちに、作者は無礼な行動を悔やみ、⑤ありがたく 思った。

辞書を引こう！ 解答

具す（従う・連れ立つ）

心もとなさ〈心もとなし〉（じれったさ・待ち遠しさ）

けしき（様子・有り様）

くちをし（残念だ）

なめげなり（無礼だ・失礼な様子だ）

しに、そのをりは何ともおぼえざりしことさへ、いかでさはしまゐらせけるにかと、なめげに、今日は、ありがたくおぼゆる。

（過去：し／打消：ざり／過去：し／添加：さへ／疑問：いかで／サ変：し／謙・補：まゐらせ／過去：ける／断定：に／疑問（結び「あらむ」など省略）：か）

さったが、その時は何とも思われなかったことまでも、どうしてそのようにし申し上げたのであろうかと、無礼に（思われ）、今となっては、もったいないと思われる。

発展演習 編 15

再婚はしないよ（『大鏡』）

問題⇩本冊86ページ

解答

問一 X やすから Y けめ
問二 c・d（順不同）
問三 A オ B ウ
問四 オ
問五 イ
問六 エ

要旨

四宮（しのみや）は宮中で大切にされていたが、九条殿が密かに関係を持った。宮は妊娠して、出産で死ぬのではないかとおびえた。九条殿は「あなたが死んだら自分も死ぬ。死ななかったら出家する。再婚はしない」と誓ったが、宮は出家を信じなかったので、烏帽子（えぼし）と下沓（しとうず）をたくさん縫っておいた。宮の死後、九条殿はそれを見ては泣き、独身を通した。

文学史

『**大鏡**（おおかがみ）』平安時代の歴史物語。作者未詳。大宅世継（おおやけのよつぎ）（一九〇歳）、夏山繁樹（なつやまのしげき）（一八〇歳）という二人の老人が歴史の表裏を語り、若侍が批評を加えるという会話形式で書かれている。文徳天皇から後一条天皇まで、一四代一七六年間の歴史を、藤原道長の栄華を中心に描きだしている。『今鏡（いまかがみ）』『水鏡（みずかがみ）』『増鏡（ますかがみ）』とともに「四鏡（しきょう）」という。

（歴史物語は、「栄花物語→大鏡→今鏡→水鏡→増鏡」の順に成立した。）

問一 **活用形は、品詞にかかわらず、下から考えるのが原則である。**体言（＝名詞）の前は連体形、用言（＝動詞・形容詞・形容動詞）の前は連用形である。助動詞や助詞の前は、その助動詞・助詞の「接続」で決まる。文法でいう「**接続**」とは、**助動詞・助詞が何の下に付くか**のことで、**語によって決まっている**。（例えば、過去の助動詞「けり」は連用形接続で、この助動詞の直前は常に連用形である。この性質は「けり」が何形に活用しても変わらない。）

空欄Xのすぐ下の語は「ぬ」である。ところが、「ぬ」は打消の助動詞と完了の助動詞の二つがあるので、まず「ぬ」を見分ける必要がある（⇩**文法**「**ぬ・ね」の識別法** 別冊19ページ）。

打消と完了の見分けは、前から考える方法（接続を見る）と、後から考える方法（活用形を見る）があるが、ここでは前が空欄なので、後を見る。後には体言「こと」があるので、その直前の「ぬ」は連体形で、打消「ず」だとわかる。打消「ず」は未然形接続なので、**X**には未然形が入る。正解は形容詞「やすし」の未然形「やすから」である。

文の構造

やすから	／	ぬ	／	こと
形容詞「やすし」未然		打消「ず」連体		名詞（体言）

（未然形接続）

空欄Yも下を見ると、文末である。文末の基本は終止形だが、空欄補充の問いになっていたら「係り結びの法則」に関する設問である可能性が高い（⇩**文法** **係り結びの法則** 別冊22ページ）。ここでは、前に「こそ」があるので、係り結びの法則に従って、空欄には過去推量の助動詞「けむ」の已然形「けめ」が入る。

問二 人物の把握は、文頭から順に手順を踏む必要がある。難しく感じるかもしれないが、この作業で本文がわかり、他の設問も解くことができる。

「**宮**」は**皇族**で、「**四宮**」は**帝（みかど）の四番目の子供**である。男女問わず言うが、導入文から四宮は女性である。この四宮についての話なので、冒頭の「**内**」は「**宮中**」の意で、宮中で「**かしづかれ（＝大切にされ）**」ているのは四宮である。「**女房**」は平安時代は「**妻**」**でなく**、「**身分のある召使い**」をいうのが普通なので、aは四宮ではない。「**かたらふ**」は「**親しく語り合う**」意から「**味方に引き入れる**」意も表すので、九条殿が四宮に仕えるa「女房」を味方にして、「**みそかに（＝こっそり）**」四宮に近づいたとわかる。高貴な女性がほとんど外出せず、身内以外の男性には顔も見せない時代だから、これは男女の関係を結んだということである。九条殿は正式な手続きも経ずに四宮を自分のものにしてしまったのだ。

本文4行目からは、このことをまだ「人々」も「上」も聞いていない時のエピソードが続いている。b「**上**」は人を表す時には「上の人」の意で、「帝」を指すことが多く、ここでも文脈と敬語から「帝」の意でよい。（「上」は「帝」だけを言うのではないので、確認する必要はある。）bも四宮のことではない。5行目「この宮、内におはします」は、「この宮、」は主語の可能性が高く、「に」は場所を表す格助詞、「おはします」は「あり」の尊敬語で、「この宮が宮中にいらっしゃる」と訳せる。この時、帝が四宮が豪雨と雷におびえていることを気遣って、殿上人たちにそちらへ行くことを命じるのだから、cは四宮だと考えてよい。すると、「小野宮のおとど」だけが命令を拒む。「まゐらじ。御前のきたなきに（＝参上しますまい。宮の御前が汚れているので）」の「**じ**」は**打消意志**の意。この人だけが九条殿と四宮の関係に気付いていたからである。

そののちのこと。8行目「**まかで**」は**貴所から**「**出づ**」**意の謙譲語**、「**させ**」**は直後に尊敬語がない時には使役**の意で「**たてまつり**」は**謙譲の補助動詞**なので、「まかでさせたてまつりて」は「退出させ申し上げて」の意である。宮の男女関係という話題なのではっきり書かれていないが、「九条殿が四宮を宮中から退出させ申し上げて」と解釈でき、二人の関係が明らかになって、九条殿が四宮を自邸に迎えたのである。従って、「この太政大臣殿」を**はらんだ（＝妊娠した）**のは四宮で、「太政大臣」はこの子が長じて就いた官職である。

平安時代の出産は死の危険と隣り合わせである。（例えば、村上天皇の皇后の安子も、一条天皇の皇后の定子も出産直後に亡くなっている。）

四宮も妊娠して心細くなっている。d「**まろ**」は「**私**」の意。「**さらに**」は**打消推量の助動詞**「**まじき**」**と呼応して強い否定（決して・少しも）**を表している。これらを考え合わせると、動詞「**ある**」はここでは「**生きている**」の意で、四宮が「男君」に、自分は出産で死ぬかもしれないと不安を訴えているのである。d「まろ」が四宮で、「男君」は九条殿である。これに対して九条殿は、「そうなったら、自分も生きてはいない、出家する、再婚しない」と誓って慰めている。e「**こと人**」は「**異人**」と書いて「**他の人**」の意だが、「**見る**」は男女の関係を言う時には「**結婚する・男女の関係を持つ**」意を表すので、ここではeは「四宮以外の女性」の意となる。f「法師」は、四宮が九条殿の出家するという言葉を信じなかった、という文脈で使われており、四宮のことではない。四宮を指すのはcとdである。

問三 主語の確認は、設問箇所だけを見るのでなく、文頭から順に手順を踏んでいく必要がある。

問二の解説で見た通り、本文は九条殿と四宮の秘密の関係の話である。殿上人たちが、雷雨におびえる四宮のもとへ行くように命じられて、「たれもまゐりたまふ（＝誰もが参上なさる）」中で、一人だけ「私は行かない」とつぶやいているのが傍線部Aである。直前に「小野宮のおとどぞかし」とあり、「**ぞかし**」は**念押し**の表現で、「**よ・ね**」と訳す。「小野宮のおとどだよ」は、命令を拒んだのがこの人だと確認している表現である。正解は**オ**である。

『**大鏡**』**は対話形式で書かれており、ほとんどの部分が会話の文体である。敬語の使い方が一般的な文と異なったり、語り手の考えが挟まれたりして、文体に特徴がある**。「小野宮のおとどだよ」と念を押しているのも、会話文らしい表現である。（入試の問題文では、語りの一部分が切り取られていて、会話文であることがわからないことが多いので注意したい。今回の問題文も全体が大宅世継の語った部分である。）

傍線部**B**の「**うす**（**失す**）」は現代語にも「消え失せる」という言い方がある通り、「**なくなる・いなくなる**」意だが、この世から完全にいなくなる「**死ぬ**」の意もある。宮は九条殿の邸（やしき）に移ってのち、妊娠して、出産に伴う死の不安を訴え、自分の死後、九条殿が使えるように烏帽子と下沓をたくさん縫っておく。**B**はそのあとにあるので、「失す」は「死ぬ」の意で、主語は四宮だとわかる。正解は**ウ**である。

問四 「咎（とが）む」は現代語でも変わらず「非難する」の意で用いる。「色」は「顔色・表情」の意で、傍線部**1**は「顔色に出して（＝表立っては）、お咎めをおっしゃらない」意だと考えられる。選択肢の後半がここに相当するが、これだけで確実に消せる選択肢はない。すべての選択肢は「～ため」となっていて、**1**の理由が問われているとわかるので、文脈からそれを読み取ろう。

傍線部**1**のあとには、過去の助動詞「**き**」**の連体形の**「**し**」**があり、直下には**「**こと**」**などの体言が省略されている**と考えられる。「よりて」の「よる」は「原因である」意なので、……の部分に理由が書かれているとわかる。

文の構造

色に出でて咎め仰（おほ）せられずなりにし（過去「き」連体）　（「こと・の」を補う）**も、**……（理由）**によりてなり**（断定）**。**

理由を述べた部分にある「おぼえ」は人から思われることで、「**人望・評判**」の意だが、尊敬の「御」が付いた「**御おぼえ**」は、上の人から思われることの意になり、多くは「**帝からの寵愛**（ちょうあい）」を表す。ここでは九条殿に対する帝からの寵愛である。村上帝が妹四宮と九条殿の密事を咎めなかったのは、帝が九条殿に目をかけていたからだと書かれているのである。正解は**オ**である。（「九条殿の御おぼえ」の「**の**」は、「九条殿の」があとの体言「御おぼえ」を修飾する**連体修飾格の用法である**。連体修飾格「の」は前後を簡潔に結ぶため、その具体的な意味は様々である。現代語でも「祖母の写真」が「祖母を写した写真」の他、「祖母が撮った写真」「祖母が所有する写真」の意も表し、どういう意味かは文脈による。「九条殿の御おぼえ」も、文脈と「御おぼえ」という語の意味から「九条殿への、帝からの御おぼえ」と解釈している。）

問五 ここまでの解説で見てきた通り、四宮は出産で死ぬことを予感して、死後の準備をしていた。お金を出せばものが手に入る現代とは異なり、多くのものを自家で調達しなければならなかった時代である。あとのことを思って宮が「**手づから**（**＝自分の手で**）」縫った烏帽子と下沓は、深い愛情の証（あかし）である。これを見るたびに九条殿は泣いた。（「**しほたる**」は「潮垂る」で「**涙を流す**」意。）このあとに傍線部**2**があるのだから、**2**の主語は九条殿で、「一人住み」は「独身」の意、その状態で「止（や）む」つまり人生を終えたと読むのが正しいとわかる。正解は**イ**である。（16行目の「されば」の一文は、「こういうことだから公季（きんすえ）は生まれた日が母の命日だ」と述べた挿入的な部分である。）

ア 母が亡くなった後、太政大臣（公季）（×主語は九条殿なので誤り）が一人で生きていった状況。
イ 九条殿が、四宮が亡くなってしまってからは独身を貫いた状況。⇩〇
ウ 九条殿が一人暮らしをして、ついには病気になってしまった（×「やむ」を「病む」としているので誤り）状況。
エ 太政大臣（公季）（×主語は九条殿なので誤り）が、不実の父を嫌い（×本文にはないので誤り）、自分は独身を貫いた状況。
オ 太政大臣（公季）（×主語は九条殿なので誤り）が、父親には頼らずに病気になってしまった（×「やむ」を「病む」としているので誤り）状況。

問六 各選択肢が本文のどこに関して述べたものかをつかんで、検討しよう。

アは母親（四宮）の死後とあるので、本文の16行目以降に関してで、公季の出家については書かれていないので、誤りである。

イは13行目あたりである。「法師にならせたまはむことはあるまじとや、思（おぼ）

し召しけむ」とあるのは、「法師になることはないだろう、と考えていたのか」と語り手が四宮の内心を推測しているのである。このあとには烏帽子と下沓を縫ったとある。烏帽子と下沓は男性貴族が使うもので、法師になれば使うことはないのだから、四宮は九条殿の「出家する」という言葉を信じていなかったことになり、**イ**は誤りである。

ウは14、15行目あたりで烏帽子と下沓を縫ったのは四宮なので、誤りである。

エは1行目に「女房をかたらひて、みそかにまゐり」とあるので、これが正解である。（「手なずける」は「味方にする」こと。）

オは9行目で「いみじうもの心ぼそく」とあり、四宮は出産を不安に思っていたので、誤りである。

コラム

古文読解のための背景知識⑮

古代、内親王（＝天皇の娘と姉妹）は皇族以外と結婚することが禁じられていた。のち、藤原氏との結婚が認められるが、その数は多くなく、多くの内親王は未婚で終わった。ところが藤原師輔（もろすけ）は政治的な力を背景に、四宮を手に入れた。

宮が妊娠して死の不安を訴えると、師輔は、始めは「自分も生きてはいない」と言い、次には「出家する」と言う。平安時代、「出家」は俗世の身分・官職・家族などを捨てて仏道修行に励むことで、通常の人生を捨てることを意味したので、「あなたが死んだら出家する」というのは強い愛情表現である。けれども、もちろん実行するのは簡単ではない。師輔の言葉はさらに後退して、「再婚はしない」と言う。正直な人である。何人もの女と関係を持ちながら、「死んだら、極楽で同じ蓮（はちす）の上に生まれ変わろう」などと平気で誓ってみせる、この時代の多くの男たちとは違う。

四宮も出家が容易でないことはわかっていて、自分の死後、師輔が不自由しないよう、たくさんの烏帽子と下沓を縫う。これも強い愛情表現である。

女子にとって過酷な一夫多妻（異説もあるが）の現実や、高貴な女性の人生の選択肢の乏しさを考える時、九条殿と愛し合った四宮は幸せであったのかもしれない。

現代語訳・文法要点 ⑮ 再婚はしないよ（『大鏡』）

問題⇨本冊86ページ

1 内住みして、かしづかれおはしましししを、九条殿は女房をかたらひて、みそかにまゐりたまへりしぞかし。世の人、便なきことに申し、村上のすべらぎも、安からぬことに思し召しおはしましけれど、色に出でて咎め仰せられずなりにしも、この九条殿の御おぼえのかぎりなきによりてなり。

(四宮は)宮中に住んで、大切に世話をされていらっしゃったが、九条殿は(四宮に仕える)女房を巧みに言いくるめて、こっそり参上なさったよ。(こうしたことを)世間の人は、不都合なことだと申し、村上帝も、心穏やかでないことに思っていらっしゃったが、表立ってお咎めをおっしゃらないままになってしまったのも、この九条殿に対する(帝の)ご寵愛がこの上ないことによってである。

2 まだ、人々うちささめき、上にも聞こし召さぬほどに、雨のおどろおどろしう降り、雷鳴りひらめきし日、この宮、内におはしますに、「殿上の人々、四宮の御方へまゐれ。おそろしう思し召すらむ」と仰せ言あれば、たれもまゐりたまふに、小野宮のおとどぞかし、「まゐらじ。御前のきたなきに」とつぶやきたまへば、後にこそ、帝、思し召しあはせけめ。

まだ、(お二人の関係を)人々がひそひそと話すこともなく、帝もお聞きになっていない頃に、雨が激しく降り、雷が鳴り稲光がした日に、この宮が、宮中にいらっしゃるので、(帝から)「殿上の人々よ、四宮の御方へ参上せよ。(宮は雷雨を)恐ろしく思っていらっしゃるだろう」とお言葉があるので、誰もが参上なさるが、小野宮の大臣だよ、「(私は)参上しますまい。宮の御前が汚れているので」とつぶやきなさるので、あとになって、帝は、(宮と九条殿の密通のことだと)思い合わせなさっただろう。

3 さて、殿にまかでさせたてまつりて、思ひかしづきたてまつらせたまふと言へば、さらなりや。

そうして、(九条殿は宮を宮中から)邸に退出させ申し上げて、大切に思ってお世話申し上げなさるのは、言うまでもないことだよ。

4 さるほどに、この太政大臣殿をはらみたてまつりたまひて、いみじうもの心ぼそくおぼえさせたまひければ、「まろはさらにあるまじき心地なむする。よし見たまへよ」と男君につねに聞こえさせたまひければ、

そうするうちに、(宮は)この太政大臣殿を懐妊申し上げなさって、たいそう心細く思われなさったので、「私は(このお産で)決して生きていられそうにない心地がします。まあ(最期を)お見届けくださいよ」と九条殿にいつも申し上げなさったので、

5 「まことにさもおはしますものならば、片時も後れ申すべきならず。もし心にあらずながらへさぶらはば、出家かならずしはべり

(九条殿は)「本当にそうでもいらっしゃるものであるならば、(私は)片時も生き残り申し上げるはずではない。もし不本意ながら生き長らえましたら、出家を必ずいたしましょう。

●表示のある活用形
・接続助詞「ば」の接続する未然形・已然形。
・係助詞の結びの連体形・已然形、疑問の副詞と呼応する連体形。
・下に体言を補って解釈するとよい連体形。（体と表示。）

あらすじを確認しよう！ 解答

1 四宮は ①内 に住んでいたが、九条殿は ②女房 を味方にして関係を持った。
2 ③小野宮のおとど だけがこの関係を知っていた。
3 九条殿は ④四宮 を自分の邸に退出させて大事にした。
4 四宮はのち ⑤太政大臣 となる子を妊娠して、出産で死ぬのではないかとおびえた。
5 九条殿は「あなたが死んだら自分も死ぬ、そうでなければ ⑥出家 する、決して再婚はしない」と誓った。
6 四宮は信じなかったので、烏帽子と ⑦したうづ を縫った。
7 四宮の死後、九条殿は ⑧一人住み を通した。

なむ。また二つこと人見るといふことはあるべきにもあらず。天がけりても御覧ぜよ」とぞ

二度と再び他の人（＝他の女性）と結婚するということはあるはずもない。（私の言葉が真実であることを、霊魂となって）天空を飛んできてでもご覧ください」と

申させたまひける。（法師にならせたまはむことはあるまじとや、思し召しけむ）、小さき御唐櫃一具に、

申し上げなさった。**6**（けれども、宮は、九条殿が）法師におなりになるようなことはあるまいと、お思いになったのだろうか、小さな御唐櫃一対に、

片つ方は御烏帽子、いま片つ方にはしたうづを、一唐櫃づつ、御手づからつぶと縫ひ入れさせたまへりけるを、

片方には御烏帽子、もう片方には下沓を、一唐櫃ずつ、ご自身の手でびっしりと縫ってお入れになっていたことを、

殿（＝藤原師輔）はさも知らせたまはざりけり。さて、つひにうせさせたまひにしは。されば、この太政大臣殿（＝藤原公季）は、生まれさせ

九条殿はそうだともご存じなかった。**7**そうして、（宮は）ついに（お産で）お亡くなりになったよ。そういうことなので、この太政大臣殿は、お生まれになっ

たまへる日を、やがて御忌日にておはしますなり。かの縫ひおかせたまひし御烏帽子・御したうづ、御覧ずる度ご

た日が、そのまま（母上の）ご命日でいらっしゃるのだ。あの（宮が）縫っておきなさった御烏帽子と御下沓を、御覧になるたびご

とに、九条殿（＝藤原師輔）しほたれさせたまはぬ折なし。まことに、その後、一人住みにてぞやませたまひにし。

とに、九条殿は涙をお流しにならない時はない。本当に、その後、独身で一生終わりなさった。

＊対偶中止法で、あとの打消の「ぬ」の意味が「うちささめき」にも及んでいる。

辞書を引こう！ 解答

内（宮中・皇居）
かしづく（大切に世話する・大切に育てる）
みそかなり（ひそかだ・こっそり）
後る（死に遅れる・先立たれる）
ながらふ（生き長らえる・生き続ける）

発展演習 編 16 我が子を手放して(『とりかへばや物語』)

問題⇨本冊90ページ

解答

問一 X めのと　Y けしき
問二 A オ　B ウ　C イ
問三 a 問へば　b いとあはれと思ひて言ふが　c 知れらん
問四 (1) ア　(2) イ
問五 ア
問六 (例) もしかしたら中宮さまが自分の母上でいらっしゃるのであろうか
問七 オ

要旨 中宮は、手放した我が子である若君が、やはり自分の子である二宮とそっくりでかわいいのを見て、こらえきれずに呼び寄せて「あなたの母上は縁のある人だから、いつか会わせてあげよう」と言葉をかける。二宮に引き立てられて行ってしまう若君を、中宮は泣きながら見送った。

文学史 **『とりかへばや物語(ものがたり)』** 平安時代の作り物語。作者未詳。権大納言の子供は、兄は女性的、妹は男性的な性格であった。父親がこれを「とりかへばや(=取り替えたいなあ)」と言ったのが書名の由来である。男君は女、女君は男として育って貴族社会に出て、様々な事件が起きるが、最後はもとの性に戻る。(本文の「中宮」は男として育った女君で、女であることを見破った大納言に妊娠させられて生まれたのが「若君」である。)

問一 X **「乳母」** は **「めのと」** と読む。貴人である母親に代わって、子供に自分の乳を飲ませて養い育てる役割の女性をいう。子供が成長しても仕えることが多く、子供と強い絆(きずな)があった。(「乳母(うば)」という語もあるが、「乳母」は「めのと」と読むのが基本である。)

Y **「気色」** は **「けしき」** と読む。現代語の「景色(眺め・風景の意)」とは異なり、人や物の **「様子」** を広く言う。人の気分の「様子」なら **「機嫌」**、人の考えの「様子」なら **「意向」** と訳すとよい。(「気色(きしょく)」という語もあるが、「気色」は「けしき」と読むのが基本である。)

問二 A 形容動詞 **「まめなり」** は真面目で実(じつ)があることをいう。仕事などについてなら「**❶真面目だ**」、男女の関係についてなら「**❷誠実だ**」、物についてなら「**❸実用的だ**」の訳がぴったりする。「まめまめし・まめやかなり・まめびと」など、派生語が多い。

この「まめなり」の「まめ」がもとになった動詞「まめだつ」の意味としては、選択肢の**ア・イ・ウ・オ**が当たる。文脈を見ると、若君が中宮の話を聞いて「もしこれやそれに物し給(たま)ふらん」(もしかしたらこの人が自分の母親か)と思いつくが、「これはさやうなるべき人の御有り様かは、行方なく人に思ひまがへられ給ふべき人にも物し給はず」(そんなはずはない)と思い返したあとに、この「まめだちて」はある。さっきまで二宮と遊んでいた若君が、実母のことをあれこれ考えて「真面目に・真剣に」なっている場面なので、**オ**が正解である。**ア**の「まじめくさる」はまじめであることを否定的なニュアンスを含めて表現した語で、当たらない。

B 「まぶた・まなこ・まつげ・まなじり」などの現代語もある通り、**「ま」** は **「目」** の意味で、**じっと視線を注ぐ**ことを「まぼる」「まもる」と言った。好意的な視線なら **「見守る・見つめる」**、そうでなければ **「監視する・見張る」** などと訳すこともある。現代語の「まもる」と同じ意味「守護する」の意もあるが、視線を注ぐ用法が中心である。

選択肢では**ウ**と**エ**がこれに当たる。文脈を見ると、中宮の言葉を聞いて黙ってしまった若君を、中宮は「いかに思(おぼ)すにか」（どう思っていらっしゃるのか）という思いで「まぼ」っている。見て何かを決める場面ではないので、**ウ**の方が適当な訳語である。

C カ行四段活用の動詞「飽く」は、「**❶満足する、❷飽きる**」の意である。❶と❷は逆の意味に見えるが、人は「満足する」状態を越えると「飽きる」ので、二つは実はつながっている。打消を伴った「飽かず」の形で用いられることが多く、「**❶満足しない・名残惜しい・物足りない、❷飽きない**」などと訳す。平安時代には**上二段活用でなく四段活用であった**ことも覚えておくとよい。

選択肢では**ア**と**イ**がこれに当たる。文脈を見ると、「飽かず」は若君が二宮に引っ張られて行ってしまった時の中宮の気持ちなので、**イ**がよい。

問三 **敬語を除いて書き直す設問**では、**①どの部分が敬語かを見定め、②本動詞はもとの動詞に戻し、助動詞と補助動詞は取り、③直下の語との接続を調整する**、という手順を踏む。

aはハ行四段活用の動詞「問は」に尊敬の助動詞「せ」と尊敬の補助動詞「給へ」が付いているので、「せ給へ」を除く。「給へ」はハ行四段活用の已然形なので、「問は」を已然形「問へ」に直して「ば」と結ぶ。（この「ば」は已然形接続で順接確定条件。）正解は「問へば」である。

bは「思し」は「思ふ」の尊敬語、「のたまふ」は「言ふ」の尊敬語なので、それぞれもとの語に戻す。助詞「て」は連用形接続なので、ハ行四段活用「思ふ」を連用形の「思ひ」に直す。助詞「が」は連体形接続なので、ハ行四段活用「言ふ」を連体形の「言ふ」にする。正解は「いとあはれと思ひて言ふが」である。

cは「給へ」が尊敬の補助動詞なので除く。接続を調整する時に、**「らん」が現在推量の助動詞ではない**ことに注意しよう。助動詞「らん」なら終止形接続だが、「給へ」は四段動詞の已然形（または命令形）である。已然形に接続する助動詞は完了の「り」だけだから（⇩「おもな助動詞活用表」本冊114ページ）、**「らん」は「り」の未然形「ら」に、推量の助動詞「ん」が付いたもの**である。ラ行四段活用「知る」を完了の「り」の接続に合わせて、已然形「知れ」にして、正解は「知れらん」である。

問四 傍線部**1**の前にある「通ふ」と「かれ」に注目しよう。**「通ふ」**は「男が恋人などのもとへ行く」意でよく用いられる重要語だが、異父兄弟である二宮と若君がやってきたこの場面では**「似通う・よく似る」**の意である。「かれ」は古文では遠くの物事を指す代名詞で、ここでは「あの人・あちら」と訳す。これが二宮と若君のどちらを指すか考えよう。中宮は「かれ」が傍線部**1**のような様子であるため、「忍びがたく」＝（こらえきれずに）御簾(みす)の内に呼び入れたとある。二宮を御簾の中に呼び入れることを「忍ぶ」必要はないが、若君が中宮の子であることは秘密である。幼いとはいえ臣下を御簾の内に入れることは平安貴族のあり方としては不自然なので我慢すべきだがこらえきれなかった。これが「忍びがたく」とある理由である。だから、「かれ」は若君を指すと考えられる。傍線部**1**は、⑴若君の⑵二宮に比べての様子である。

問五 動詞「入る」の活用を考えてみよう（⇩**文法ガイド②**本冊35ページ）。打消の「ず」を付けると、「いらず」（「ず」の直前がア段音なので四段活用と判断できる）と「いれず」（「ず」の直前がエ段音なので下二段活用と判断できる）の二つが考えられる。これはどちらかが誤っているのではなく、現代語に自動詞「はいる」と他動詞「いれる」があるのと同様に、古語「入る」にも自動詞と他動詞があるのである。

> **入(い)る** 《ラ行四段活用》 はいる。（**自動詞**）
> 《ラ行下二段活用》 いれる。（**他動詞**）

この違いに注目すると、主語などを次のように補うことができる。

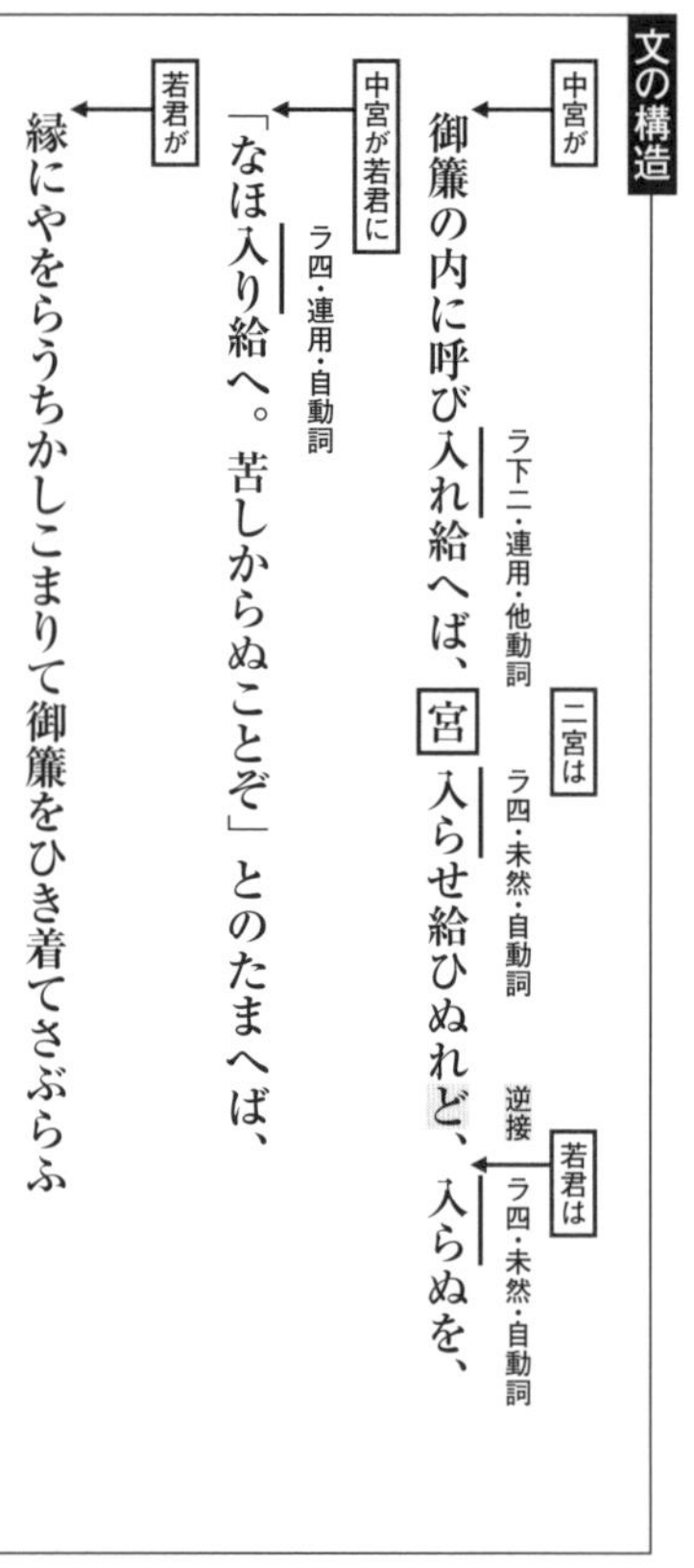

二宮は母親に呼ばれて入ってきたが、若君は中宮が母だとは知らないので、高貴な女性のいる場所へ入ることを遠慮したのである。これを適切にまとめたものは**ア**である。**イ**・**ウ**は「入らぬ」の「入ら」を他動詞としてとっているところが誤り。**エ**は中宮が迎えに出た、**オ**は女房が促したとしている点が誤りである。

問六 現代語の**「もし」**は仮定表現を作るが、古語では**「もしかしたら・もしかすると」**の意が中心である。本文でも疑問の係助詞「や」と合わせて、「もしかすると〜か」の意を表している。「物し（終止形は**「物す」**）」は名詞「物」にサ変の「す」が付いた動詞。具体的な語でなくても文脈から意味がわかる時に、**具体的な動作を表す動詞の代わりに使われる**が、**「物し給ふ」**の形では**「いらっしゃる」**の意であることが多い。「に」は断定の助動詞「なり」の連用形である。直訳は「もしかしたらこれがそれでいらっしゃるのだろうか」となる。（断定の「に」はあとに補助動詞「あり」などを伴うことが多いが（⇩**文法** **慣用表現「にやあらむ」「にや」** 別冊52ページ）、ここでは「物し給ふ」がその役割をしている。）

傍線部**3**は、中宮が泣きながら「君の御母と聞こえけん人は知り給へりや」（母親のことは知っているのか）と言うのを、あれこれ思い乱れて聞いている若君の心中だから、「これ」は目前の中宮、「それ」は自分の母上を指し、「もしかしたら中宮さまが自分の母上でいらっしゃるのであろうか」の意だと考えられる。

最後に、解答例と傍線部**3**とを照らし合わせて確認しておこう。

解答例の確認

「もし」の訳	「これ」の指示内容	補う助詞	「それ」の指示内容	断定「に」の訳
もしかしたら	中宮さま	が	自分の母上	で

「物し給ふ」の訳	「らん」の訳	疑問「や」の訳
いらっしゃる	のであろう	か

問七 中宮が語った「内容」が問われているので、まずカギカッコの中を訳して、選択肢を検討する。**「入門編」**の読解の方法を使って、少しずつ分けて読んでみよう。

文の構造

「①**君の御母**、さるべくゆかりある人なれば、②御事をいと忘れがたく恋ひ聞こゆ③めるを見るが心苦しければ、かく聞こ④えつるぞよ。」

①**人物表現の直後**が**「、」**なので、この人物は**主語**である可能性が高い。
②古文の「御」は**尊敬語**。**カギカッコ内の尊敬語では、会話の聞き手**「あなた」を敬意の対象として想定してみる。→「あなたのことを」
③「める」は**連体形で直後に「こと」などの体言が補える**（準体法）。「を」の前が「見る」の目的語だとわかり、「聞こゆめる」と「見る」で**主語が変わる**とわかる。主語が書かれておらず、**カギカッコ内で尊敬語がない「見る」の主語は**、**話し手**である中宮自身・「私」。
④「聞こえ」は**謙譲語**。ここも主語が書かれておらず、**カギカッコ内で尊敬語**

がないので、主語は話し手である中宮自身・「私」を想定してみる。

訳「あなたの母上は、（私と）しかるべく縁のある人なので、あなたのことをとても忘れがたく恋しがり申し上げているようなさまを見るのが気の毒なので、（私は）このように申し上げたのです。

文の構造

大納言 **などは、（今は** **世になき人**⑤ **）と**⑥**ぞ知り給へ**⑦**らん。『さこそありしか』と**⑧**まねび給ふ**⑨**なよ。**

⑤「世になき人」は人物の表現。この世にいない人の意で、若君の母上について言っていると確認する。

⑥**引用の「と」**があるので「今は世になき人」を思ったことなどを表す**丸カッコでくくる**。

⑦**尊敬語**の「給へ」があり、主語は前に書かれている大納言でよい。

⑧**引用の「と」**があるので「さこそありしか」を**二重カギカッコでくくる**。

⑨**尊敬語**の「給ふ」、**禁止**の「な」があるので、主語は聞き手である若君・「あなた」を想定してみる。

訳 大納言などは、今は亡くなった人と思っておられるでしょう。そうであった（＝私がこのようなことを言った）とお話しになってはいけませんよ。

文の構造

ただ御心⑩**ひとつに、（** **さる人**⑪ **は世にあるもの）と**⑫ **思し**⑬**て、さるべからん折はこのわたりに常に物し給へ**⑭**。『忍びて見せ聞こえ**⑮**ん』**

⑩あなたの心。（②と同じ。）

⑪指示語「さる（＝そんな）」は**指示内容を考える**。「さる人（＝若君の母上）」

⑫**引用の「と」**があるので「さる人は世にあるもの」を**丸カッコでくくる**。

⑬「思し」は**尊敬語**。主語は「あなた」。（②と同じ。）

⑭「給へ」は**尊敬語**。主語は「あなた」。（②と同じ。）

⑮「聞こえ」は**謙譲語**。主語は「私」。（④と同じ。）

訳 ただあなたの心だけで、そんな人（＝母上）は生きているものとお思いになって、何かあるような時にはこの辺り（＝中宮の所）にいつでもいらっしゃい。（私が母上を）こっそりとお見せ申し上げましょう」

入門編の読解の方法をヒントにした読みに、文脈上の無理、矛盾はない。この内容と合致する選択肢は**オ**である。

ここでは**敬語が主語を見つけるヒント**になっている（⇩**入門編⑤A**本冊16ページ）。**これは現代語とも共通する。**よく練習して、使えるようにしよう。

コラム 古文読解のための背景知識⑯

『とりかへばや物語』は、男女の生き方が社会的に全く異なっていた時代に書かれた。

権大納言の異腹の息子と娘（＝本文の中宮）は瓜二(うりふた)つでともに美しかったが、性格は兄はひどく内気、妹はとても活発であった。父親は「とりかへばや（取り替えたいなあ）」と嘆きつつ、兄は女装、妹は男装させて育てる。成人後、本当の性別を隠して、兄は尚侍(ないしのかみ)（内侍司の女官の長）として出仕し、妹は任官して大将にまで昇進する。

現代なら、内向的で恥ずかしがりな男性も、社交的で元気な女性も珍しくはない。けれども、貴族男性は任官・出仕し、女性はほとんど外出もせず御簾の内で過ごすというように、男女の生き方が社会的に規定された時代だったため、兄妹が入れ替わって生きることになった。兄尚侍は女性の東宮を妊娠させ、妹大将は宰相中将（＝本文の大納言）の子を産むなど、いくつもの事件が起きるが、最後は兄妹がうまく入れ替わって、もとの性で生きることになる。

二人が苦悩しながら様々な問題を乗り切っていく様子は、物語として非常におもしろいが、男女のあり方について、現代人に考えさせるところも多い。

現代語訳・文法要点 16 我が子を手放して（『とりかへばや物語』）

問題⇩本冊90ページ

二宮と若君と遊びつつ、この御方に渡らせ給へるが、いとよくうち通ひて、かれはいま少しにほひやか

1 二宮と若君とが遊びながら、この（中宮の住む）御殿にいらっしゃっていたが、（このお二人は）たいへんよく似ていて、あちら（＝若君）は（二宮より）もう少しは

に愛敬づきたる様さへこよなく見ゆるもめざましく、あはれに忍びがたく、御前に人あまたもあらぬほど

なやかで愛らしい様子までもこの上なく見えるのもすばらしく、2（中宮は）しみじみ感慨深くてこらえきれず、御前に女房が多くもいない時なので、

なれば、心やすくて、御簾の内に呼び入れ給へば、宮入らせ給ひぬれど、入らぬを、「なほ入り

気を許して、（二人を）御簾の中に呼び入れなさると、二宮はお入りになったけれど、（若君は）入らないので、3（中宮が）「その

給へ。苦しからぬことぞ」とのたまへば、縁にやをらうちかしこまりて御簾をひき着てさぶらふがいみじううつくし

ままお入りなさい。不都合でないことですよ」とおっしゃると、（若君は）簀の子にそっとかしこまって御簾を肩にかぶって（半分だけ体を入れて）お控えしているさまがとて

きを、御覧ずるに、今はと引き離れて乳母に譲り取らせて忍び出でし宵のこと思しめし出づるに、今の心

もかわいらしいのを（中宮は）ご覧になると、これが最後だと引き離れて（若君を）乳母に譲り与えてひそかに（邸を）出た夜のことを思い出しなさると、たった今

地せさせ給ひて、いとかなしければ、怪しとや思はんとしひてもて隠し給へど、御涙こぼれていと堪へがたきを、押

のような気がなさって、とても悲しいので、（若君が）変だと思うだろうかと無理にお隠しになるけれど、御涙が流れてひどく耐えがたいのを、拭

し拭ひ隠して、「君の御母と聞こえけん人は知り給へりや。大納言はいかがのたまふ」と問はせ給へば、

って隠して、（中宮は）「あなたの母上と申し上げたという人はご存じですか。大納言はどのようにおっしゃっていますか」とお尋ねになると、

やうやうものの心知り給ふままに、いかになり給ひにけんとおぼつかなく、大納言も乳母も明け暮れ言ひ出でて

（若君は）だんだん物の分別がおつきになるにつれて、（母上は）どのようにおなりになったのだろうかと気がかりで、大納言も乳母も明けても暮れても（母上のことを）口に

恋ひ泣き給ふめれど　行方も知らぬ人の御事を、見る目・有り様はいとうつくしう若くてうち泣きていとあ

出して恋しがってお泣きになるようだけれど行方も知らない人（＝母上）の御事を、（中宮が）見た目や様子はとてもかわいらしく若々しくて泣きながらとてもかわいそ

はれと思してのたまふが、もしこれやそれに物し給ふらんと思ひ寄るより、いみじくあはれなれど、

うだとお思いになっておっしゃるので、もしかしたらこの方（＝中宮）が母上でいらっしゃるのだろうかと思い当たるとすぐに、たいへんしみじみとした思いがするが、

これはさやうなるべき人の御有り様かは、行方なく人に思ひまがへられ給ふべき

この方（＝中宮）はそのようであるだろう（＝自分の母上であるだろう）人のご様子か、いやそんなはずはない、行方知れずになって人に思い違いをされなさるであろう人

◉表示のある活用形
・接続助詞「ば」の接続する未然形・已然形。
・係助詞の結びの連体形・已然形、疑問の副詞と呼応する連体形。
・下に体言を補って解釈するとよい連体形。（体と表示。）

あらすじを確認しよう！ 解答

1 二宮と①若君が中宮のもとへやってきた。
2 中宮が御簾の中に呼び入れると、②二宮は入ったが③若君は入らなかった。
3 中宮がさらに言葉をかけると、若君は「この人が自分の④母ではないか」と思った。
4 中宮は「母上は私と⑤ゆかりのある人だから、いつか会わせてやろう」と言った。
5 ⑥二宮が若君を引き立てて行ってしまったので、中宮は泣きながら見送った。

辞書を引こう！ 解答

渡る（来る）
めざまし（目が覚めるほどすばらしい）
やをら（そっと・静かに）
心苦し（かわいそうだ）
まねぶ（人に伝える・人に言う）

断定 代理の動詞 尊・補 「思ひ続く」尊 自発 「言ふ」尊 打消・体 疑問 「思ふ」尊 断定

人にも物し給はずと、いとおよすけて思し続けられて、うちまめだちて物のたまはぬを、いかに思すに

でもいらっしゃらないと、(若君は)たいへん大人びてふと考え続けなさって、真剣になって何もおっしゃらないのを、(若君は)どう思ってい

疑問(結び「あらむ」など省略) 尊敬 尊・補 八四・已 順接確定

かとあはれにて、つくづくとうちまぼりて、御袖を顔に押しあてていみじう泣かせ給へば、

らっしゃるのだろうかと(中宮は)かわいそうで、(若君を)じっと見つめて、お袖を顔に押し当ててひどくお泣きになるので、

=若君 断定・体 形・已 順接確定

この君もうちうつぶして涙のこぼるる気色なるが、いと悲しければ、いま少し近く居寄りて髪などかきなで

この若君もうつむいて涙がこぼれる様子であるのが、**4** (中宮は)とてもかわいそうなので、もう少し近くにいざり寄って髪などを搔きなでて、

=若君 断定・已 順接確定 謙・補 推定・体 マ上一・体 形・已 順接確定

て、「君の御母、さるべくゆかりある人なれば、御事をいと忘れがたく恋ひ聞こゆめるを見るが心苦しければ、

「あなたの母上は、(私と)しかるべく縁のある人なので、あなたのことをとても忘れがたく恋しがり申し上げているようなさまを見るのが気の毒なので、

「言ふ」謙 =若君の母上 強意(↓) 尊・補 存続 推量・体(↑) 強意(↓) 過去・已(↑) 尊・補

かく聞こえつるぞよ。大納言などは、今は世になき人とぞ知り給へらん。さこそありしかとまねび給ふ

(私は)このように申し上げたのです。大納言などは、今は亡くなった人と思っておられるでしょう。そうであった(=私がこのようなことを言

禁止 強意 =若君の母上 「思ふ」尊 仮定・婉曲

なよ。ただ御心ひとつに、さる人は世にあるものと思して、さるべからん折はこのわたり

った)とお話しになってはいけませんよ。ただあなたの心だけで、そんな人(=母上)は生きているものとお思いになって、何かあるような時にはこの辺り(=中宮の

代理の動詞 尊・補 謙・補 意志 尊・補 八四・已 順接確定

に常に物し給へ。忍びて見せ聞こえん」と語らひ給へば、いとあはれと思ひたる気色にてうちうなづきて

所)にいつでもいらっしゃい。(私が母上を)こっそりとお見せ申し上げましょう」とお話しになると、(若君は)とてもしみじみと思っている様子でうなずいて座っている

存続・体 尊敬 尊・補 逆接確定 「走り来」尊 「行く」尊

居たるが、いみじううつくしう、離れがたき心地せさせ給へど、二宮走りおはして、「いざ」とて引き立てておはし

のが、とてもかわいらしく、(中宮は)離れがたい気持ちがなさるが、**5** 二宮が走っていらっしゃって、「さあ」といって引っ張って立たせて行って

打消 形・已 順接確定 尊・補 存続

ぬる名残も、飽かずかなしければ、端になほ涙をこぼしつつ見送りて伏し給へる。

しまいなさった名残も、物足りなくて悲しいので、(部屋の)端でなお涙をこぼしながら見送ってうつむいていらっしゃる。

17 中の君の悲哀(『源氏物語』)

問題⇨本冊94ページ

解答

問一 A ア　B エ　C ウ

問二 1 (例)それほどお気に召さない/あまり気に入りなさらない

2 (例)なんとかして顔色に出さないようにしよう/どうにかしてそぶりに出すまい

3 (例)月を御覧になってはならない/月を見なさるな

問三 ウ

問四 X エ　Y オ

問五 イ

問六 a カ(から)イ　b カ(から)ア　c イ(から)ウ

問七 ア・キ・ク(順不同)

要旨 婚儀の日、右大臣は娘の婿となる匂宮がやってこないので腹立たしく思うが、息子の頭中将を迎えにやる。匂宮は妻である中の君がかわいそうで慰めていた。中の君は匂宮の婚儀を気にするまいと努めたが、匂宮が出かけたあと、涙があふれて、人の心が思うようにならないことを思い知った。

文学史 **『源氏物語』** 平安時代の作り物語。紫式部作。主人公の光源氏を中心に、様々な恋愛や人生の苦悩を、宮廷貴族の生活を背景に描き出した。第一部は若い源氏の恋愛遍歴が中心で、愛する女性紫の上を得て栄華を極めるまでを描く。第二部は運命の悲劇に苦悩する源氏の晩年を描く。第三部は源氏の子や孫の物語で、舞台は宇治に移って「宇治十帖」と呼ばれる。古典文学の最高傑作として後世に与えた影響は非常に大きい。

問一 A 形容詞「らうたし」は、かわいくて世話をしてやりたくなるような様子を表し、「かわいい・愛らしい・いとおしい」などと訳す。「らうたげなり」はこれに「げなり」が付いて形容動詞になったもの。「げ」は「気」で、「~の様子・~らしい感じ」の意で、「らうたげなり」は「かわいらしい様子だ」ということになるが、「らうたし」とほとんど同じ意味と考えてよく、正解は**ア**である。**「~げなり」という形の形容動詞がたくさんあること**は知っておくとよい。

B「つれなし」は「連れ無し」がもとで、周囲のものとなんの関連もなく、無縁なさまを表す。他者に対する心情や状態をいう時には「**❶薄情だ・冷淡だ**」、それ以外の場面では「**❷さりげない・何でもない・平気だ**」と訳すとよい。本文では、中の君が夫匂宮の新たな結婚話に対して何とか取り乱すまいとしている場面で、「つれなく」は「冷ます(=心を落ち着かせる)」を修飾しているので、「さりげなく」がよい。正解は**エ**である。

C「さすがに」は、前に書かれていることを受けつつ、それに対して否定的なことを述べる時に用いる語で(「さ」は「そう」の意の指示副詞)、「**そうはいってもやはり・そうはいうものの**」と訳す。正解は**ウ**である。現代語の「さすがに」も同じ意味があるが、他に、期待した事実を確認して納得する「なるほどやっぱり」の意もあるので、きちんと訳出すべき語である。

問二 1「いと」は「たいへん・非常に・全く」などと訳して、あとの言葉を強める語だが、**否定の表現と一緒に用いる**と(このことを「**副詞の呼応**」という)、「あまり・たいして・そんなに(~ない)」の意になる。本文では「ぬ」(打消の助動詞「ず」の連体形)と呼応している。(「しも」は副助詞「し」に係助詞「も」が付いたものだが、ここでは無理に訳出しなくてよい。「そんなにも」「それほどにも」の「も」がこれに当たる。)「心に入る」は、何かが心の中に入ってくることで、「気に入る・心にかなう」意である。「**御**」は古文では通常**尊敬の意**で用いるので、「気に入りなさる・お気に召す・御心にかなう」などと訳す。「それほどお気に召さない」「あまり気に入りなさらない」などと訳せばよい。

２「**いかで**」は**疑問・反語・願望**の用法があるので、文脈に注意する。本文では、直前の「日ごろもよろづに思ふこと多かれ（＝この何日かの間も色々と思い悩むことが多い）」と、「いかで気色に出ださじと念じ返しつつ」が、接続助詞「ど」をはさんで逆接の関係になっている。「念ず」は「我慢する」意で「ど」のあとの部分は中の君の、夫の新たな結婚を我慢し受け流そうとする心情である。引用の「と」にも注意すると「いかで」は**願望**の意で、打消意志の助動詞「じ」（～ないつもりだ・～まい）と呼応していると考えられるので「どうにかして・なんとかして」と訳す。「気色」は「様子」の意で、ここでは「顔色・そぶり」などと訳すのがよい。傍線部２は「なんとかして顔色に出さないようにしよう」「どうにかしてそぶりに出すまい」などと訳せばよい。

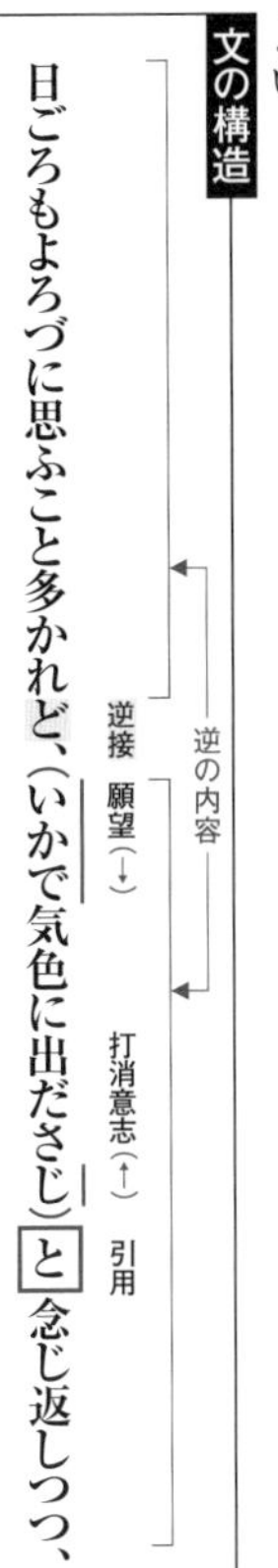

３「な～そ」は副詞「な」と終助詞「そ」が呼応した表現で、「～」の部分の動作を**禁止**する意である。「～するな・～してくれるな」と訳す。「月」は「見」の目的語なので「を」を補う。「たまひ」は尊敬の補助動詞で、「見」と合わせて「御覧になる」と訳す。「月を御覧になってはならない」「月を見なさるな」などと訳せばよい。

問三 まずは破線部の直後の「と」に注目したい。これは**引用の格助詞**なので、破線部を**丸カッコでくくる**ことができる。場面は、匂宮が一向にやってこないので、右大臣が使者をやったところで、使者が「匂宮は二条院にいる」と告げたことに対する右大臣の思いが破線部である。

接続助詞「ば」の直前の「れ」は「たまへ」（ハ行四段活用の已然形）に接続しており、存続の助動詞「り」の**已然形**なので（⇩文法「る・れ」の識別法 別冊38ページ）、まずは「**ので**」と訳してみるのがよい。

文法 接続助詞「ば」

未然形＋ば（順接仮定条件） ～ならば・～たら

已然形＋ば（順接確定条件） ～ので／～と・～ところ／～といつも

あとには、「ば」の前の要素と矛盾しない内容の文が続く

「思す人」は「思っていらっしゃる人・愛していらっしゃる人」で、中の君のこと、それを「持」っていらっしゃる主語は匂宮である。破線部は「匂宮は中の君というとしく思っていらっしゃる人をお持ちだから」の意である。これにふさわしい結果として、あとに省略されているのは、「自分の娘のもとにやってこないのだろう」といった内容だとわかる。従って、**エ・オ・カ**は誤りである。

次に、いずれも「来ないだろう」の意の**ア・イ・ウ**を比較すると、**ア**「参ら」は「来」の謙譲語、**イ**は敬語でなく、**ウ**「おはしまさ」は「来」の尊敬語である。主語が匂宮で、前にも「思す」「たまへ」という尊敬語が用いられていることを考えれば、省略された部分にも尊敬語があるのがよい。正解は**ウ**である。

問四 始めに「いとほし」には「❶いとおしい・かわいい」の他に「❷かわいそうだ・気の毒だ」の意もあることに注意しよう。（人が他者を思いやる時、❶愛情と❷同情は相通じる感情である。）

Ｘの場面は、匂宮が右大臣の娘との結婚を承諾しながらも、中の君を傷つけたくないとも思っていて、中の君のもとにやってきたところである。二重傍線部Ｘは「（匂宮は中の君の）かわいらしい様子を見捨てて出ていこうとい

う気持ちもせず」とある直後なので、匂宮が中の君を気の毒に思う気持ちだとわかる。正解は**エ**である。

Yの場面は、匂宮が中の君を慰めている時に中将がやってきたところである。13行目「中将の参りたまへる」の「る」は完了の助動詞「り」の連体形で、直後には「こと・の」などが補える（⇩**入門編**③本冊14ページ）。中将がやってきたことを聞くのだから、「聞きたまひ」の主語は匂宮である。古語の**「かれ」は男性だけでなく、女性も物事も指す**。ここでは「かれ」は右大臣の娘を指す。匂宮は中将の来訪を聞いて、自分を待っている右大臣の娘を気の毒に思い、出かけようとするのである。正解は**オ**である。**ウ**「頭中将が役目を果たせず父の右大臣に叱責されるのではないか」は本文に書かれていない。導入文などからこの縁談が強引なものであることがわかるので、このように「叱責される」と補って読むことも適切でない。

ここまでで説明したとおり、**X**、**Y**はともに匂宮の気持ちである。**ア**・**イ**は「中の君の」、**カ**・**キ**は「右大臣の」とあるので誤りである。

問五 傍線部**4**の直前にある**「後手（うしろで）」**は**「後ろ姿」**の意だから、**4**は中の君が右大臣邸へ向かおうとする匂宮を見送っている時の心情の描写である。まずは、訳してみよう。**「ともかくも」**は**打消表現と呼応**すると、**「どのようにも・何とも**（〜ない）」の意。**「枕浮く」**は**「寝ながら枕が浮くほどひどく泣く」**意の慣用句。**「ぬべし」**は助動詞連語で、**「ぬ」は強意**の用法なので、**「きっと〜だろう・〜てしまうだろう」**と訳す。つまり、中の君は夫の結婚話に対して何とも思っていないのだけれど（ひどく泣いてしまうのだから、「意識の上では何とも思っていないつもりだ」というのが正確なところである）、本当はひどく悲しくて、寝ると涙があふれてしまう気持ちなので、自らの心について、「思い通りにならなくて、情けないものは人の心だ」と気付き、思い知っているのである。正解は**イ**である。

問六 **「敬意の方向」**を問う設問では、まず**「誰から」**の敬意かを答え、次に**「誰に対する」**敬意かを考える。

文法 **敬意の方向**

①**誰からの（＝誰の）敬意か？**

問われている敬語が、

地（じ）の文（カギカッコの外）にあったら…**作者から。**

会話文（カギカッコの中）にあったら…**話し手から。**

→その敬語を使っている人から、と考えればよい。

②**誰への（＝誰に対する）敬意か？（＝敬意の対象は誰か？）**

尊敬語…動作をする人（**主語**）に対する敬意を表す。

謙譲語…動作を受ける人（その動作の**主語でない方の人**）に対する敬意を表す。

丁寧語…会話文ではその聞き手、地の文では読み手（つまり、その言葉を受け取る人）への敬意を表す。

尊敬語を「為手（して）尊敬」、謙譲語を「受け手尊敬」、丁寧語を「聞き手尊敬」と説明する説もある通り、尊敬・謙譲・丁寧はどれも敬う（高める）気持ちを表すが、その対象が異なる。**「敬意の対象」は「敬語の種類」から判断しなければならない。**

a・**b**はともにカギカッコの外にあるので、「作者からの敬意」である。前に動詞「待ち」があるので、**a**は謙譲の補助動詞、**b**は尊敬の補助動詞である。場面は右大臣が匂宮を待っているところなので、**a**は動作を受ける（＝待たれる）匂宮への敬意、**b**は動作をする（＝待つ）右大臣への敬意を表している。

動詞「待ち」に尊敬語と謙譲語が付いているこの部分は、**「二方面に対する敬語」**と呼ばれるものである。**作者**（**話し手**）が、一つの動作について、**動作をする人と、動作を受ける人の両方に同時に敬意を表そうとする表現**である。ただ、**解き方は特別ではなく、二つの敬語について、それぞれ敬語の定義にふさわしい敬意の対象を考えればよい。**これは主語と受け手のどちらがえらいかを表すものではないので、身分の上下から敬意の対象を判断することはできない。

cはカギカッコの中にあるので、その話し手からの敬意である。直前に「出でたまはんとて」とあって、出ていこうとする匂宮が中の君を気遣ってかけた言葉だとわかるので、匂宮からの敬意である。「参り来」は「参る」に「来」が付いた一語の動詞で、「来」の謙譲語なので、「来」という動作の受け手を敬っている表現である。受け手は直接書かれていないが、「今いととく参り来ん」は「すぐに帰ってくるよ」と言って中の君を慰めていると読み取れるので、受け手は中の君である。

（『源氏物語』の中では、中の君よりも匂宮の方が身分が高いと設定されている。けれども、会話では相手を気遣う表現がされやすく、身分が上の人が下の人に敬語を使うことも珍しくない。また、会話では常に相手を高める敬語を使うと決まっているわけでもない。敬意の対象は、手順通りに敬語の種類から考えなければならない。）

問七 『源氏物語』は、その長さ、構成や人物造型の緻密さ、心理描写の巧みさなどにおいて、平安時代の物語の最高峰である。そこで、平安時代の物語を、成立した時期が『源氏物語』の前か後かで分けることがある。

▼『源氏物語』以前

・作り物語『**竹取物語**』、『**うつほ物語**』、『**落窪物語**』は、作者の創作によって構成された長編だが、人物造型は類型的なものが多く、心理描写なども『源氏物語』に遥かに及ばない。

・歌物語『**伊勢物語**』、『**大和物語**』、『**平中物語**』は和歌を中心にまとめられた短編の集成である。

▼『源氏物語』以後

・作り物語『**狭衣物語**』、『**夜の寝覚**』、『**浜松中納言物語**』などは『源氏物語』の影響を強く受けている。

・『**堤中納言物語**』は平安時代後期に書かれた、最古の短編物語集である。

正解は、**ア・キ・ク**である。

コラム 古文読解のための背景知識⑰

現代の日本は一夫一婦制で、多くの場合は結婚したら同居し、近年では配偶者以外との性的な関係は「不倫」と呼ばれて非難される。

平安時代の男女のあり方は現代とは異なり、男性は複数の女性と関係を持ち（相手は、妻、愛人、恋人、召使いなど様々である）、妻と同居しないことも多かった。このあり方をわかりやすく「一夫多妻」と「通い婚」（異説もある）という言葉で理解してもよい。本文でも匂宮は中の君と結婚し、愛してもいるが、右大臣の娘との縁談を受け入れる。

また、中の君は夫の新たな結婚という事態に対して、悩み苦しんでいるが、何とかそれを顔色に出すまいとし、思い煩うまいとしている。しかし、夫を送り出したあとは、涙で枕が浮くほど泣くのである。

「一夫多妻」の背景の一つに、妊産婦や新生児の死亡率の高さがある。一族を維持するためには複数の女性に子供を生ませる必要があった。この時、妻が、他の女性の存在を許さなければ困ったことになる。そこで女性の嫉妬をよくないものとする考えが生まれた。『源氏物語』でも、光源氏の妻の紫の上が源氏に嫉妬を疑われて、「そんな風に思われることがつらい」と言う場面が何度も出てくる。嫉妬は醜いという価値観が、女性自身の中に刷り込まれていたのである。本文での中の君の心の動きも、こういった時代状況ゆえである。

いずれにせよ、女性にとってはつらい時代であった。

現代語訳・文法要点 ⑰ 中の君の悲哀（『源氏物語』）

問題⇒本冊94ページ

1 右大殿には、六条院の東の御殿磨きしつらひて、限りなくよろづをととのへて待ちきこえたまふに、十六日の月

右大臣におかれては、六条院の東の御殿を美しく飾り立てて、この上もなくすべてを整えて（宮を）お待ち申し上げていらっしゃるのに、十六日の月が

やうやうさし上がるまで心もとなければ、「いとしも御心に入らぬことにて、いかならん」と安からず思ほし

だんだん（空に）のぼるまで（宮はいらっしゃらなくて）じれったいので、「（宮はこの縁談を）あまりお気に召さないことで、どうであろう」と不安にお思いになって、

て、案内したまへば、**2**「この夕つ方内裏より出でたまひて、二条院になんおはしますなる」と人（=右大臣の使者）

（使者をやって宮の）様子を探らせなさると、「この夕方宮中からお出になって、二条院にいらっしゃるそうです」と使者が

申す。思す人（=中の君）持たまへればと心やましけれど、今宵過ぎんも人笑へなるべけれ

申し上げる。（宮は）愛していらっしゃる人をお持ちだから（いらっしゃらないのだろう）と（右大臣は）不愉快だけれど、今夜を過ぎるようなことも世間のもの笑いの種

ば、御子の頭中将（=右大臣の息子）して聞こえたまへり。

であるに違いないので、ご子息の頭中将に命じて（宮に）申し上げなさった。

大空の月だにやどるわが宿に待つ宵すぎて見えぬ君（=宮）かな

大空の月でさえとどまる私の家に、待つ宵が過ぎてもおいでにならないあなたさまですね。

3 宮は、「なかなか今なんとも見えじ、心苦し」と思して、内裏におはしけるを、御文聞こえ

宮は、「なまじ今日（が婚儀の日である）とも（中の君に）知られないようにしよう、かわいそうだ」とお思いになって、宮中にいらっしゃったが、（中の君に）お手

たまへりける、（御返りや）いかがありけん、なほいとあはれに思されければ、忍びて渡りたまへ

紙を差し上げなさった、お返事はどのようであったのだろうか、やはり（中の君のことを）とてもしみじみといとしくお思いになったので、こっそりと（二条院へ）お

りけるなりけり。らうたげなるありさまを見棄てて出づべき心地もせず、いとほしければ、よろづに契り慰めて、

いでになったのであった。（中の君の）かわいらしい様子を見捨てて出ていこうという気持ちもせず、気の毒なので、色々に約束し慰めて、

もろともに月をながめておはするほどなりけり。女君（=中の君）は、日ごろもよろづに思ふこと多かれど、いかで気色に出だ

一緒に月を眺めていらっしゃるところであった。女君は、この何日かの間も色々と思い悩むことが多いが、どうにかして顔色に出す

さじと念じ返しつつ、つれなく冷ましたまふことなれば、ことに聞きもとどめぬさまに、おほどかに

まいとじっと我慢し続けて、さりげなく心を静めていらっしゃることなので、特に（右大臣からのお使者があったことを）気にもとめない様子で、おっとりと振る

◉表示のある活用形
- 接続助詞「ば」の接続する未然形・已然形。
- 係助詞の結びの連体形・已然形、疑問の副詞と呼応する連体形。
- 下に体言を補って解釈するとよい連体形。（体と表示。）

あらすじを確認しよう！ 解答

1 婚儀の日、右大臣は娘の婿（むこ）①宮がやってこないので人をやって探らせた。

2 右大臣は宮が②二条院にいると聞いて腹立たしく思い、③頭中将を迎えにやった。

3 宮は④女君がかわいそうで慰めていた。

4 宮は③頭中将の来訪を聞いて、右大臣邸へ向かうことにした。

5 女君は気にするまいと思ったが、⑤人の心がままならないことを思い知った。

辞書を引こう！ 解答

心もとなし（じれったい・待ち遠しい）
心苦し（気の毒だ・かわいそうだ）
もろともに（一緒に・ともに）
日ごろ（何日もの間・この数日）
もてなす（振る舞う）

もてなしておはする気色いとあはれなり。

舞っていらっしゃる様子が本当にしみじみ心を打つ。

4 中将(＝右大臣の息子)の参りたまへるを聞きたまひて、さすがにかれ(＝右大臣の娘)もいとほしければ、出でたまはんとて、「今いととく参り来ん。ひとり月な見たまひそ。心そらなればいと苦し」と聞こえおきたまひて、

(宮は)中将が参上なさったことをお聞きになって、そうはいってもあちら(＝右大臣の娘)も気の毒なので、お出かけになろうとして、(中の君に)「ただ今たいそうすみやかに(帰って)参りましょう。一人で月を御覧になってはいけません。(自分も)心はあちらにないのでとてもつらい」と申し上げておきなさって、

なほかたはらいたければ、隠れの方より寝殿へ渡りたまふ。

それでもやはり気の毒なので、物陰から寝殿にいらっしゃる。

5 御後手を見送るに、ともかくも思はねど、ただ枕の浮きぬべき心地すれば、「心憂きものは人の心なりけり」と我ながら思ひ知らる。

(中の君は、宮の)御後ろ姿を見送ると、何とも思わないけれど、ただ(涙が流れて)枕が浮いてしまいそうな心地がするので、「情けないものは人の心であったなあ」と自分のことながら思い知りなさる。

発展演習編 18 歌は情を述べるもの（『排蘆小船』）

問題⇩本冊98ページ

解答

問一　X イ　Y ウ　Z イ
問二　1 オ　2 ア　3 エ
問三　エ
問四　オ
問五　イ

要旨　唐土の鄧攸が兄の子を助けるために自分の子を見殺しにしたのは自然な人情ではない。子を失う悲しみは同じはずなのに、母は涙にくれ、父は平然として見えるのは、父が体裁を繕っているのだ。人間のありのままは、愚かでだらしなく取るに足りないものだ。それを詠むのが歌なのだから、男らしく整然と正しい歌は、本当の人情を詠んだものではない。

文学史　『排蘆小船』江戸時代に本居宣長（一七三〇～一八〇一）によって書かれた歌論書。本居宣長は国学者として『源氏物語』などの古典を研究し、『古事記伝』『源氏物語玉の小櫛』『古今集遠鏡』『玉勝間』などを著した。国学を大成させた学者の一人である（⇩**コラム⑱**別冊91ページ）。

問一　X　選択肢はどれも「儒教」の徳目を漢字一字で象徴したものである。

「儒教」は孔子の教えを中心とした思想・哲学の総称である。仏教・道教とともに中国思想の基盤をなす思潮で、日本にも大きな影響を与えた。儒教の経典『大学』に「修身斉家治国平天下」（天下を治めるには、まず自分の行いを正しくし、次に家庭を整え、次に国家を治め、それから天下を平和にすべきである）という言葉がある。これは儒教の基本的な政治観で、自分自身のあり方を整え磨いて、その完成された人徳によって天下を治めることができる、と考える（徳治主義）。儒教では、自分を人として整え磨くことが重要視されるのである。選択肢の語もこういった考えに基づいている。

ア「仁」は他人と親しみ、思いやりの心を持つこと。**イ**「義」は人として行うべき正しい道。**ウ**「礼」は社会の秩序を保つための生活上のきまり、礼儀。**エ**「忠」は臣下が主君に真心を尽くすさま、忠義。**オ**「信」は偽らず、まことを通すこと。選択肢はすべて体言で、空欄**X**の前は連体形なので、空欄の前の部分が空欄の説明になっていると考えられる。

文の構造

難に遭うて兄の子を助けんために、我が子を見捨て、殺し侍る。これも（A）（＝A）
兄の子を助けんとする、（連体形）［X］（体言）……

自分の子を見殺しにしても兄の子を助けることを何というか、考えてみると、「仁・礼・忠・信」は当たらない。儒教の「義」は人として「行うべき」「正しい」道なので、正しいと考えたら、たとえ自分のためにならなくても、行わなければならないとされた。「義」は「利」と強く対立する概念である。自分の子供はかわいいけれども、兄の子を助けなければならない、と考えたら、そこにはもう選択の余地はないのである。儒教の書物では、自分の「利」を捨てて「義」を行い、時には命を捨てても「義」を守る人々が称揚されている。正解は**イ**である。このような考え方は自然ではなく、人間の本来的な感情でもない、ということで、このあと、筆者の考えが述べられる。

Ｙ　**「みどりご」**という言葉がある。「芽生えたばかりの緑の新芽のような子」の意から、**「生まれたばかりの子供」**をいう。文脈上も無理がないので、**ウ**が正解である。「みどりご」は「嬰児」と表記されることもある。

他の選択肢は、「○児」という熟語を構成しない。**ア**について「くろこ」という言葉はある。歌舞伎で舞台進行の手助けをする人や、人形浄瑠璃の人形遣いは、黒い衣服を着るところから、「くろこ」と言われ、舞台に出ていても観客には見えないというのが約束事である。これは普通「黒子・黒衣」と書き、ここでは文脈に当てはまらない。**イ・オ**について、通常「あかご」は「朱児」「紅児」とは書かない。（「赤子」または「赤児」と書く。）また、「あかご」は、生まれたばかりの時は体が赤みを帯びていることから、生まれて間もない子供をいう語である。「みどりご」がプラスのイメージを帯びているのに対して、「あかご」は特別なイメージを持たない。「いとほしく愛し侍る」が修飾する名詞という文脈を考えれば、やはり「みどりご」の方がふさわしいと言える。

Ｚ　選択肢はどれも助動詞だと考えられるので、まずは接続を確認する。空欄**Ｚ**の直前は「侍ら」（ラ変動詞「侍り」の未然形）なので、**Ｚ**には未然形接続の助動詞しか入らない。選択肢はどれも未然形に接続するので、**Ｚ**に入る可能性がある。

次に、活用形を確認する。空欄**Ｚ**は文末だが、前に「こそ」があるので、**係り結びの法則**によって已然形が入る（⇩**文法** **係り結びの法則** 別冊22ページ）。**ア**「む」と**エ**「ず」は已然形ではないので、**Ｚ**には入らない。

イ・ウ・オの三つの選択肢が残っているので、最後に意味を考える。

文の構造

Ⓐ　**鍾愛の子を先立てて、いかに鬼神のやうなる荒男なればとて、心に悲しからざらんや。**（「や」は反語。）

逆接の接続詞　**されども**　⇔　**対比**

Ⓑ　**本情の悲しさを、ありのままに言ひ続け取り乱れて悲しみ歎かんは、**（仮定・婉曲）**げに①児女子に異ならず、②愚かにこそ見え侍ら**［Ｚ］。

Ⓐの「や」は文末用法の係助詞で反語の用法である。Ⓐは「いとしい子を失ったら荒男でも悲しい」の意である。逆接の「されども」があるので、ⒷにはⒶと逆のことが書かれると予想できる。

Ⓑの仮定・婉曲の「ん」に注目すると、あとにはこの部分を受ける言葉が来るとわかる。（「悲しみ歎かんは」は「ん」を仮定で訳せば「悲しみ歎いたら」、婉曲で訳せば「悲しみ歎くようなことは」である。仮定・婉曲の「む（ん）」にぴったり当たる語は現代語にはなく、仮定・婉曲のどちらの訳でもいいが、あとにこれを受ける言葉が来ることは変わらない。）①の「ず」は連用形で、いったん表現をとめてあとにつなげるので（「連用中止」という）、①・②がひとまとまりで「ん」の部分を受けると考えられる。「児女子」（現代語なら「女子供」という）は軽んじて言うことが多い表現で、それと「異ならず」なので、②が否定的な意味を持つためには、空欄**Ｚ**には、**ウ**「じ」（打消推量）や**オ**「ね」（打消の「ず」の已然形）は入らず、**イ**「め」（推量の「む」の已然形）を入れるのがよい。

短くまとめると、「いとしい子を失ったら荒男でも悲しい。けれども、男が悲しいと言って取り乱したら、女子供と変わらず、愚かに見えるだろう」と言っているのである。

助動詞の空欄補充を意味のみから考えてはならない。意味が合っていても、接続と活用形が文法的な規則に合わないものは空欄に入る可能性はない。接続と活用形が合えば解ける設問も多い。

文法　**助動詞の空欄補充**

接続　⇩　**活用形**　⇩　**意味**　の順に考える。

問二 **1** 傍線部は「さ／も／なき／体（てい）／なり」のように単語に分けることができる。「さ」は**「そう」の意の指示副詞**、**「体」**は**「様子・ありさま」**なので、直訳は「そうでもない様子である」となる。これと同じ選択肢がないので、**指示副詞が具体的な指示内容を取り込んで訳されている**可能性を考える。直前には「そが悲しみは父母変はることはあるまじきに（＝その悲しみは父母で変わるはずはないのに）」とあり、「さ」は「悲しい」ことを指す。**イ**と**オ**がこれに近いが、**イ**の「のだ」という断定の訳は「体」のニュアンスを含まないので、**オ**が正解である。

2 傍線部中の「かかる」は「引っかかる」などの意のラ行四段活用動詞の可能性もあるが、**指示副詞「かく」**と**ラ変動詞「あり」**が付いてできた**ラ変の複合動詞「かかり」**の可能性もある。後者は直訳は「こうである」だが、傍線部**1**の「さ」と同じように指示内容を取り込んだ訳で問われやすい。ここでも**イ**や**オ**は文脈に合わないので、「かかる」をラ変の「かかり」だと考えてみる。指示内容を見ると、直前には「悲しみは父母で変わらないはずなのに、父は悲しくなさそうで、母は嘆きに沈んでいる」とあり、「かかり」は「こんなに違っている」意だと考えられる。正解は**ア**である。

傍線部**2**の直前だけを見ると、**エ**が正解であるようにも見える。**2**の前には、「子を失う悲しみは父も母も変わらないはずなのに、父はそうでもなく、母は嘆きに沈んでいる」とある。**2**はこれについて「なぜか」と問いかけ、そのあとで作者は「母は本当の気持ちをありのままに表しており、父は体裁を繕っているのだ」と自ら答えている。**2**の前後の文脈を考えれば、一部分だけを捉えた**エ**よりも、文の構造をつかんでいる**ア**がよいとわかる。

3 **「いみじ」**は**程度がはなはだしいこと**を表す。「いみじくつらし（＝とても薄情だ）」などのように**あとに来る言葉を強める**が、強めるべき言葉が書かれていない時は、**文脈から、＋（プラス）の意味か、－（マイナス）の意味かを判断して具体的に訳す**重要語である（⇩**「いみじ」**別冊11ページ）。ここでは直後が接続助詞「ど」で、「いみじ」を「とても」と訳すことはできないので、文脈を見る。

文の構造

父の様はまことに男らしくきつとして、さすが取り乱さぬところは（提示の係助詞）**いみじけれど**（逆接の接続助詞）**、本情にはあらざるなり。**

逆接の接続助詞「ど」に注目すると「父の男らしく取り乱さないさま」は「いみじ」だが「人間本来の情ではない」という文脈なので、この「いみじ」は父の男らしさを＋（プラス）の意味に評価する言葉で訳すのがよい。**ア**と**エ**がこれに当たる。**「いみじ」**はもともとあとに来る言葉を「とても・非常に」などと強める語なので、**具体的に訳す時も、強調のニュアンスが含まれる表現**がふさわしい。**ア**の「～する点もある」はこれに当たらない。正解は**エ**である。

問三 **「木石（ぼくせき）」**は「木と石」で、**非情なものや、人情を解さない人をいう比喩**としてよく用いられる。「大忍人（にんじん）（＝ひどく残忍な人）」という語と並べられていることもヒントになる。正解は**エ**である。

文脈からも確認してみよう。傍線部**4**の上にある**接続助詞「ば」**はいくつもの用法を持つ重要語だが、どの用法も、**あとに来る要素に一定のしばり（＝条件）を加える働き**を持つ（⇩**文法ガイド⑥**本冊51ページ）。ここでは、「いは」（四段活用動詞「いふ」の**未然形**）に**「ば」**が付いて、**順接仮定条件の「～ならば・～なら・～たら」**の意を表している（⇩文法 **接続助詞「ば」**別冊83ページ）。

「かかり」は「こうである」と訳して、前に出たことを指して使う（**問二**傍線部**2**の解説参照）。ここでは「愛児を失っても父親が取り乱さない」ことを指す。「もしまことに心よりかかりといはば」は「もし本当に心から父親が愛児を失っても取り乱さないというならば」の意で、傍線部**4**はこのあとにあるので、これを受ける内容がくる。これを満たすのはやはり**エ**である。

問四 本文では鄧攸の例を挙げたあと、愛児の死に対する両親の反応の差を述べ、男親の反応は世間の目を気にした嘘の姿で、男親も悲しいに決まっていると分析する。そして、すべての人の人情は14行目「はかなくしどけなく愚か」で、この人情を述べる歌も「しどけなく拙くはかな」いのが本当だとまとめている。正解は**オ**である。

ア 自分の子を殺さざるを得なかった中国の鄧攸の例を挙げて、人の世は悲しく切ないものだと言っている。×
「人の世」についての考えは述べられていないので誤り

イ いとしい子を失った時の悲しみを、父と母の両方の立場から考察し、優劣などつけられないと言っている。×
両親の思いを「優劣」という点からは述べていないので誤り

ウ 悲しいことがあった時、嘆き悲しむのは常に女性で、男性が非情に振る舞うのは不可解だと言っている。×
「不可解」とは言っておらず、10行目「本情にはあらざるなり」と解釈が示されているので誤り

エ 歌というものは、人情を素直に表すだけでなく、男らしくきりっとして正しいものが好ましいと言っている。×
16行目「男らしくきつとして正しきは、本情にあらず」とあり、これは筆者の主張とは逆なので誤り

オ 人の心はちっぽけでたわいないもので、心を述べる歌も、やはりたわいないものであるべきだと言っている。⇩〇

問五 **イ**の『源氏物語玉の小櫛』が本居宣長による『源氏物語』の注釈書である。**ア**『世間胸算用』は井原西鶴による浮世草子。**ウ**『曽根崎心中』は近松門左衛門による浄瑠璃。**エ**『雨月物語』は上田秋成による読本。**オ**『東海道中膝栗毛』は十返舎一九による滑稽本。（どれも江戸時代の作品である。）

コラム　古文読解のための背景知識⑱

本居宣長は国学の基礎を築いた代表的な学者の一人である。国学は、儒教や仏教が渡来する以前の、日本固有の精神や文化を明らかにしようとする学問である。古代を知るためには、古典を正しく読み解く必要がある。宣長は『古事記』『源氏物語』など古典文学や、文法の研究にすぐれた業績を残した。

宣長の大きな功績の一つに『源氏物語』に注釈を施し、その本質を「もののあはれ」という言葉で捉えたことがある。これは、藤原俊成の和歌「恋せずは人は心もなからまし物のあはれもこれよりぞ知る」などによる語で、「恋をして、人ははじめて人間的な感情を知る」と歌われている通り、「物事にふれて素直にその本質を感じとる、しみじみした人間的な感情」をいう。（ドナルド・キーン氏は「a sensitivity to things（物事への敏感さ）」と訳している。）例えば、光源氏が父帝の后である藤壺を愛したことは、倫理道徳からは好ましくないが、やむにやまれぬ思いであった、そこに人間の悲しさ、やるせなさがあると説いたのである。

宣長は国学の研究を通じて、「人間は聖人ではないから、道ならぬ恋など、良くないとわかっていてもやってしまうことがある。弱くて愚かな人間の喜びや悲しみを正直に書いたのが日本文学なのだ。それは儒教道徳に縛られて、建前が前面に出た中国文化とは異質なものだ」と説いた。外来思想を否定しすぎるのは考えものだが、宣長は、人間が持つ本質的な弱さを理解しないで他者を裁くことの、嘘っぽさとむごさを戒めたのである。

現代語訳・文法要点 ⑱ 歌は情を述べるもの（『排蘆小船』）

問題⇩本冊98ページ

唐土晋の代の鄧攸といへる男の子は、難に遭うて兄の子を助けんために、我が子を見捨て、殺し侍る。これも兄の子を助けんとする、義はいみじく侍れども、我が子を殺すは人情に違へり。あはれを知らぬ忍人なりと譏る人も侍るなり。これも同じこと、とかく人の本情はみな拙くしどけなきものなり。たとへばいとほしく愛し侍る緑児の死し侍らんに、親の心いかに悲しからん。そが悲しみは父母変はることはあるまじきに、父はさもなき体なり。母は歎きに沈みて、涙に暮れまどふ。これ何ゆゑにかかるや。母は本情を制しあへず。ありのままに表し侍るなり。父はさすがに人目をはばかり、未練にや人の思ふらんと、心を制し抑へて、一滴の涙を落とさず。胸には余る悲しさも、面に表さずして、潔く思ひあきらめたる体なり。これをみるに、母の有り様は、取り乱しげにもしどけなく、あられぬ様なり。されどもこれが情のありのままなる所なり。父の様はまことに男らしくきつとして、さすが取り乱さぬところはいみじけれど、本情にはあらざるなり。もしまことに心よりかかりといはば、これまた大忍人木石なるべし。鍾愛の子を先立てて、いかに鬼神のやうなる荒男なればとて、心に悲しからざらんや。されども本情の悲しさを、ありのままに

（文法注記：存続／仮定・婉曲／丁・補／意志／＋－／逆接確定／＝鄧攸の子／サ四・体／打消／＝鄧攸／断定／「あり」丁／人間／推量・体（↑）／疑問（↓）／打消推量／ラ変「かかり」／疑問・文末用法／他人／可能／起点／ハ四・未／順接仮定／推量／比況／断定・已／順接確定／反語・文末用法）

1 中国の晋の時代の鄧攸といった男は、難に遭って兄の子を助けるために、我が子を見捨て、殺します（＝見殺しにします）。**2** これも兄の子を助けようとする、（その）義はすばらしゅうございますが、自分の子を殺すのは人情に反している。あわれを知らない残忍な人間だと非難する人もいるのです。**3** これも（前に述べた例と）同じことで、とかく人の本来の情はすべて愚かでだらしないものである。例えばいとおしく愛しておりますの幼児が死んでしまいましたら、親の心はどんなに悲しいだろう。その悲しみは父も母も変わることはあるはずがないのに、父はそうでもない様子である。母は嘆きに沈んで、泣いて途方に暮れる。これはどうしてこうであるのか。**4**（それは）母は本来の感情を抑えきれない。ありのままに表すのです。父はそうはいってもやはり人目を遠慮して、未練がましいと人が思うだろうかと、心をとどめ抑えて、一滴の涙も落とさない。胸にはあふれる悲しさも、顔には出さないで、潔く思い諦めた様子である。これを見ると、母の様子は、取り乱したさまでだらしがなく、とんでもない様子である。けれどもこれが心のありのままであることなのだ。父の様子は本当に男らしくきりっとして、そうはいってもやはり取り乱さないところは大変立派だけれども、本当の感情ではないのである。もし本当に心からこうである（＝我が子を失っても悲しくない）というならば、これはまたとんでもない残忍な人間であり人の情を理解しない木石であるにちがいない。深く愛している子供を先に死なせて、どんな鬼神のような荒っぽい男だからといって、心に悲しくないだろうか（いや、悲しいにちがいない）。けれども本来の情の悲しさを、ありのままに言い続

◉表示のある活用形

・接続助詞「ば」の接続する未然形・已然形。

・係助詞の結びの連体形・已然形、疑問の副詞と呼応する連体形。

・下に体言を補って解釈するとよい連体形。（体と表示。）

あらすじを確認しよう！ 解答

1 鄧攸は ①兄の子 を助けるために、自分の子を見殺しにした。

2 兄の子を助ける大義はすばらしいが ②人情 とは異なる。

3 愛児を失う ③悲しみ は父母とも同じはずだ。

4 母が嘆き悲しむのが ④本情 で、父が取り乱さないのは ④本情 ではない。

5 人情の有体は ⑤はかなく しどけなく愚かなもので、情を述べる歌も同様であるべきだ。

6 男らしく正しい歌は ⑥本情 ではないと知るべきだ。

辞書を引こう！ 解答

唐土（中国）

譏る（非難する・悪く言う）

拙し（愚かだ・未熟だ）

はかなし（取るに足りない・ちっぽけだ）

ことわり（道理・理屈）

言ひ続け取り乱れて悲しみ歎かん(仮定・婉曲)は、げに児女子に異ならず(打消)、愚かにこそ(強意(↓))見え侍ら(丁・補)め(推量・已(↑))。されば人の情の有体は、すべ

け取り乱して悲しみ嘆いたら、本当に女子供と変わりがなく、愚かに見えますでしょう。**5** だから人の心のありのままは、すべて

てはかなくしどけなく愚かなるものなり(断定)と知るべし(当然)。歌は情を述ぶるものなれ(断定・已)ば(順接確定)、また情に随うて、しどけなく拙

取るに足りずだらしなく愚かなものだと知るべきである。歌は心を述べるものだから、これもまた人情のままに、だらしなく愚かで取

くはかなかるべき(推量)ことわりなり(断定)。これ人情は古今和漢変はることなきなり(断定)。しかるにその情を吐き出だす詠吟

るに足りないものであるはずの道理である。この人情は昔も今も日本でも中国でも変わることはないのである。**6** それなのにその心を吐き出す歌が、

の、男らしくきつとして正しき(形・体)は、本情に(断定)あらず(打消)と知るべし(当然)。

男らしくきりっとして正しいのは、本来の感情ではないと知るがよい。

発展演習編 19 共通テスト対策問題（『石清水物語』）

問題⇨本冊104ページ

解答

問一 (ア)① (イ)③ (ウ)①
問二 ②
問三 ③
問四 ②
問五 (i)① (ii)③

要旨 女二の宮と結婚することになった男君（＝中納言）は、宮の美しさで木幡の姫君へのかなわぬ思いを冷ましたいと思う。結婚の始め、男君は人目を忍んで三条院へ行き、宮の美しさに満足しながらも、姫君への思いも捨てきれなかった。翌朝、男君が後朝の文を贈ると、宮からの返事はすばらしいものであった。そうして三日が過ぎ、宮は盛大な儀式の中、関白邸に迎えられた。落ち着いて見ると、宮は実に美しく、姫君にも匹敵すると思うと、男君は満足して心が落ち着いた。

文学史 **『石清水物語』** 鎌倉時代の擬古物語。作者未詳。東国育ちの武士伊予守が、身分違いの木幡の姫君に思いを寄せ、姫君の異母兄である秋の君（問題文の中納言＝男君）の家臣となり、姫君に近づいてついに結ばれるが、その後姫君は入内してしまい、伊予守は出家するという話。『源氏物語』など平安時代の物語の影響が著しい。作品名は、伊予守が恋の成就を石清水八幡宮に祈願したことによる。

問一 (ア) 「さら」は副詞「さ」にラ変動詞「あり」が付いて一語になったもの。終止形は**「さり」**で**「そうである」意のラ変の動詞**。「ぬ」は打消の助動詞「ず」の連体形。**「さらぬ」**は**「そうでない」**の意から、**「それほどでない」**の意も表す。本文は男君が院の娘である女二の宮と結婚する場面なので、傍線部は「院のもとほどでない程度の所」、つまり、そこまで身分が高くない恋人のもと、のことである。男君は、それほどでもない程度の女性にも心遣いをする人だから、まして院の娘のもとへはいい加減な気配りで行くはずがない、という文脈である。傍線部の直訳は「そうでない程度の所」「それほどでない程度の所」で、これをさらに具体的に言っている①が正解である。

なお、この「さり」と似た語に、「遠ざかる」の意の「去る」（ラ四・選択肢②）、「避ける」の意の「避る」（ラ四・選択肢⑤）という語もあるが、ラ変の「さり」が最もよく問われる。

(イ) **「いつしか」**は、現代語では「いつの間にか」「早くも」の意だが、もとは**事柄の実現を待ち望む意**で、多くはあとに願望の表現を伴って**「早く」**と訳す。**「ゆかし」**は心が惹きつけられる状態を表し、場面に応じて具体的な言葉を補って、**「〜したい」**と訳す。本文は男君が妻となる宮のもとを訪れている場面なので、「早く見たい」の意で③が正解である。

(ウ) **「おくる」は「遅れる」意**で、①時間や期限に遅れる意の他、②大切な人が死ぬのに遅れる（**死に遅れる・先立たれる**、と訳す）、③ある分野での能力が遅れている（**劣る**、と訳す）などの意がある。ここでは「女宮の御さま」について「おくれたるところなく」とあるので、「劣る」の意。「未熟」という表現で訳しているが①が最もふさわしい。

問二 傍線部の直訳は「ものの嘆かわしさが紛れるくらいに見なし申し上げたいとお思いになった」だが、直前に異母妹への思いがやまないこと、宮の美貌が評判であることが書かれているので、傍線部は宮の美貌によって異母妹へのかなわぬ思いを紛らわしたいの意だと考えられる。

①「もの」はあとに「の」を伴っているので、接頭語ではなく名詞。（接頭語「もの」は形容詞や形容動詞などに付いて、なんとなくの意を表す。例えば、「もの悲し・ものさびし」「ものあはれなり」など。）「このまま女二の宮と結婚しても良いのだろうか」という解釈も誤っている。

③「見なし聞こゆ」は動詞「見なす」に謙譲の補助動詞「聞こゆ」が付いたもので、複合動詞ではない。「女二の宮に会ってみたい」という解釈も誤っている。

④「いつのまにか女二の宮に恋をしていた」という解釈が誤っている。通常、助動詞「けり」には①過去と②詠嘆の用法があると説明される。「詠嘆」はそれまで知らなかった事実に初めて気づいた驚きや感動を表し、「気づき」と呼ばれることもある。ただし、「過去」の「けり」は、過去のことを述べる時に必ず用いられるものではない。客観的な時制を表すのではなく、過去のことを書き手が回想して述べるものなので、「気づき」の意を含みもつ例が多い。従って、「過去」と「詠嘆」を完全に分けることはできないが、和歌中や、会話や思ったことの中の「けり」は「詠嘆」の例が多い。これから結婚する男君の気持ちを述べた傍線部の「ける」は「気づき」ではなく、一般的な「過去」の用法だと考えるのがよい。

②は「ばかり」を副助詞とする説明も正しく、「木幡の姫君への思いが紛れるくらいに」という解釈も適切である。正解は②である。

---

①「ものの」は、接頭語「もの」に格助詞「の」が接続したもので、このまま女二の宮と結婚しても良いのだろうかという迷いをそれとなく表している。

②「紛るばかりに」は、動詞「紛る」に程度を表す副助詞「ばかり」が接続したもので、木幡の姫君への思いが紛れるくらいにという意味を表している。⇩〇

③「見なし聞こえばや」は、複合動詞「見なし聞こゆ」に願望を表す終助詞「ばや」が接続したもので、女二の宮に会ってみたいという願いを表している。

④「思しける」は、尊敬の動詞「思す」に過去の助動詞「けり」が接続したもので、いつのまにか女二の宮に恋をしていたことに対する気づきを表している。

問三

①「春の中納言」については、女二の宮と結婚できなかったことについて、「よろづすさまじくおぼえ給ひけり」とあり、**「すさまじ」**は**「おもしろくない・興ざめだ」**の意なので、「男君にあらためて畏敬の念を抱いた」は誤り。

②「すべての力を注いで女二の宮を奪い取ろうという気持ちで日々を過ごしていた」は本文には書かれていないことなので、誤り。

④「院」が娘について抱いている思いは本文に書かれていないので、誤り。第3段落で「院には」とあるが、直後に続くのは男君を待ち受ける心遣いの描写。その後に「宮の御さま」とあるが、宮の様子を見たいと思うのは、父である院ではなく、男君である。**高貴な女性は人に姿を見せないのが良いとされた時代**なので、男君は結婚相手の女二の宮の姿を見たことがなく、早く見たいと思うのは自明のことなので、主語は書かれていない。

⑤「叱咤激励し」「厳しく接した」が本文にないので誤り。第1段落に「官位の短きを飽かぬことに思しめされ」とあるのは、院の娘と結婚するには中納言という官位では不満だということなので、「思しめされ」の主語は女二の宮の父親である院だと考えられ、院がそう考えた結果、男君は「権大納言になり給ひぬ」なのである。女二の宮と結婚するために、ふさわしい官位が与えられたと読み取れるので、昇進のために「叱咤激励し」「厳しく接した」は誤りである。

第2段落の「こちたきまで〜出でさせ給ふ」は外見や心遣い、供をしてゆく召使いの多さなど、男君の「立派な姿」の描写である。「大宮おはせましかば、いかに面立たしく思し喜ばむ」の**「おはせ」**は**「あり」の尊敬語**で、こ

こでは**「生きていらっしゃる」**意、**「面立たしく」**は**「名誉だ」**の意なので、正解は③である。

---

① 春の中納言は、男君と同時期に権大納言に昇進したものの、女二の宮の結婚相手を選ぶ際には一歩及ばず、男君にあらためて畏敬の念を抱いた。

② 春の中納言は、女二の宮と結婚することを諦めきれなかったので、すべての力を注いで女二の宮を奪い取ろうという気持ちで日々を過ごしていた。

③ 関白は、女二の宮との結婚に向けて三条院に参上する息子の立派な姿を見て、亡き妻がいたらどんなに誇らしく喜ばしく感じただろうと思った。⇩○

④ 院は、これから結婚しようとする娘の晴れ姿を見るにつけても、娘が幼かったころの日々が思い出され、あふれる涙を抑えることができなかった。

⑤ 院は、女二の宮の結婚相手にふさわしい官位を得るように男君を叱咤激励し、院と女二の宮が住む三条院に男君が訪れた際も、あえて厳しく接した。

問四 ① 女二の宮の歌の**「女郎花（おみなえし）」は、和歌では女性のたとえとして用いられることが多く**、ここでも女二の宮のことである。「霜がる」は「霜に打たれて草木が枯れる」ことなので、「女郎花霜がれわたる」は男君が帰って女二の宮が寂しさからしょんぼりしていることを言ったものだと考えられる。「景色だけを詠んだ」は誤り。

③ 第**1**段落に「ものの嘆かしさの紛るばかりに見なし聞こえばや」とあるので、男君は女二の宮の美しさで木幡の姫君へのつらい思いを紛らわしたいと考えているとわかる。「結婚に前向きでなかった」は誤り。また、「密か（ひそ）に木幡の姫君とも関係を持とう」は本文になく、誤り。

④「豪華な嫁入り道具」は本文にないので、誤り。第**5**段落の「寝殿の渡殿（わたどの）かけて、御しつらひあり」は、「嫁入り道具」ではなく、宮を迎えた関白側による装飾だと考えるのが妥当。「男君と木幡の姫君の関係を察していた」も本文にない。本文中には女二の宮の心情は述べられていない。

第**4**段落は**結婚の翌朝**の**「後朝」**と言われる場面である。**共寝の翌朝、帰宅した男性は女性と別れた寂しさを歌にして届け、女性はその思いを疑ってみせるなどして、自分の方こそが寂しいといった返歌をするのが定型**であった。本文もその通りのやりとりになっている。また、**「手」**は**「筆跡」**の意、**「さへ」**は**「〜までも」**の意で、内容はもちろん筆跡まですばらしいということを述べており、「内容・筆跡ともに素晴らしく〜満足した」と合致するので、②が正解である。

---

① 男君は逢瀬の後の寂しさを詠んだ歌を贈ったが、女二の宮は景色だけを詠んだ歌を返して、男君の思いに応えようとしなかった。男君は、本心を包み隠し続ける女二の宮に対して、まだ自分に遠慮しているようだと思った。

② 女二の宮のもとを訪れた男君は、翌朝、女二の宮への思いをつづった手紙を送った。女二の宮からの返歌は、男君の手紙の言葉をふまえたもので、内容・筆跡ともに素晴らしく、理想にかなう女性と結婚できたと男君は満足した。⇩○

③ 結婚に前向きでなかった男君は、実際に女二の宮に会ってみると、その髪の美しさや容姿の素晴らしさに思いがけず心惹かれた。そこで、女二の宮とこのまま結婚生活を続けて、密かに木幡の姫君とも関係を持とうと考えた。

④ 女二の宮は、身の回りの世話をする女房・童たち、そして豪華な嫁入り道具とともに男君のもとへ嫁いだ。結婚の儀式が盛大に執り行われる

中、男君と木幡の姫君の関係を察していた女二の宮は、この結婚の先行きに不安を感じた。

問五 (i) Ⅰの歌の**「若草」**は**「春に新しく芽を出した草」のことで、若い女性のたとえとして用いられる**ことが多い。「若草」を人が結ぶということは、女性と関係を結ぶこと、結婚することを表している。「人」は妹が結婚する相手だと考えられるので、②の**X**「親が妹の将来の結婚相手を決める」、③の**X**「自分が妹を束縛して」は明らかな誤りで、選択肢は①と④に絞られる。

若くかわいらしい妹についての歌なので、Ⅰの歌の**「ね」**、**【学習プリント】**［ステップ1］の「寝心地」には、眠ることだけではなくて、**男女が共寝する**意が含まれる。**【ノート】**の下段に、妹が兄の気持ちに驚いたとあることも併せれば、Ⅰは誰かが妹と結婚することをただ思うのではなく、腹立たしく、残念に思う気持ちを詠んだと考えられる。それを受けてⅡの歌を解釈すれば、**【ノート】**にある「兄の気持ち」は「兄の恋心」だと考えられる。**Y**は④の「心配」ではなく、①の「恋心」だと考えるのがふさわしい。正解は①である。

① X—自分ではなく他人が妹と結婚すること　Y—妹への恋心
② X—親が妹の将来の結婚相手を決めること　Y—妹への祝福
③ X—自分が妹を束縛して結婚させないこと　Y—妹への執着
④ X—妹がまだ若いのに結婚してしまうこと　Y—妹への心配

(ii) 傍線部**B**の前には、女二の宮が木幡の姫君と比べてしまいそうな魅力的な様子であるにつけても、「まづ思ひ出でられて」とあるので、「思ひ出で」たのは木幡の姫君のことである。そのあとの「いかなる方にか」は、直後に「人の結ばむこと」と続くので、もとになった『伊勢物語』も併せて考えれば、姫君がどんな方面に縁づき結婚するのだろうか、の意だと考えることができる。『伊勢物語』の男は、かわいい妹の結婚を思い、男君は、いまだ思いを残している異母妹木幡の姫君の結婚相手を想像している。男君はそういう自分を**「うたて（＝いやだ・情けない）」**と思っているのである。この状況と心情を読み取っている③が正解である。

①・②・④は本文にないこと、読み取れないことが書かれており誤りである。

① 自分が女二の宮と結婚したことで、妹である木幡の姫君の結婚に意見を言う立場ではなくなったので、これを機に妹への思いを諦めようとしている。
② 妹と釣り合う相手はいないと思っていたが、女二の宮との結婚後は、兄として木幡の姫君の結婚を願うようになり、自らの心境の変化に呆れている。
③ 女二の宮と結婚しても妹である木幡の姫君への思いを引きずっており、妹の将来の結婚相手のことまで想像してしまう自分自身に嫌気がさしている。⇩○
④ 娘の結婚相手として自分を認めてくれた院の複雑な親心が理解できるようになり、妹である木幡の姫君が結婚する将来を想像して感慨に耽っている。

現代語訳・文法要点 ⑲ 共通テスト対策問題（『石清水物語』）

問題⇩本冊104ページ

1 中納言はかかるにつけても、人知れぬ心の内には、あるまじき思ひのみやむ世なく、苦しくなりゆくを、強ひて思ひ冷ましてのみ月日を送り給ふに、宮の御かたちの名高く聞き置きたれば、同じくは、ものの嘆かしさの紛るばかりに見なし聞こえばやとぞ思しける。官位の短きを飽かぬことに思しめされて、権大納言になり給ひぬ。春の中納言も、例の同じくなり給ひて、喜び申しも劣らずし給へど、及ばぬ枝の一つことに、よろづすさまじくおぼえ給ひけり。

中納言はこうしたことにつけても、人に知られない心の中では、あってはならない（木幡の姫君への）思いばかりがおさまる時はなく、苦しくなってゆくのを、無理にひたすら心をしずめて月日を過ごしなさるが、女二の宮のご容貌が評判が高いと聞いて心にとめていたので、同じことなら、物思いの嘆かわしさが紛れるように見て判断し申し上げたいとお思いになった。（院は男君の）官位が十分でないことを物足りないことにお思いになって、（男君は）権大納言におなりになった。春の中納言も、例によって同じく（権大納言に）おなりになって、感謝の儀礼も（男君に）負けずに（立派に）しなさるが、女二の宮と結婚できなかったという一事のために、すべてにつけてつまらなく思われなさった。

2 神無月十日余りに、女二の宮に参り給ふ。心おごり、言へばさらなり。まづ忍びて三条院へ参り給ふ。さらぬほどの所にだに、心殊なる用意のみおはする人なるに、ましておろかならむやは。こちたきまで薫きしめ給ひて、ひき繕ひて出で給ふ直衣姿、なまめかしく、心殊なる用意など、まことに帝の御婿と言はむにかたほならず、宮と聞こゆるとも、おぼろけならむ御かたちにては、並びにくげなる人の御さまなり。忍びたれど、御前などあまたにて出でさせ給ふに、大宮おはせましかば、いかに面立たしく思し喜ばむと、殿はまづ思ひ出で聞こえ給ふ。

十月十日過ぎに、（男君は）女二の宮のもとへ参上なさる。得意になることは、言うまでもない。まずひそかに三条院へ参上なさる。そうでもない程度の所にさえ、格別な心配りを入念になさる人であるので、まして（女二の宮のもとに通うのに）いい加減であるはずがない。おおげさなほどまで香をたきしめなさって、身だしなみを整えてお出かけになる直衣姿は、優美で、格別な身支度などは、実に帝の御婿と言っても不足なく、内親王と申し上げても、並程度であるようなご容貌では、並びにくいような人（＝男君）のご様子である。人目をはばかってはいるが、先導の者などもたくさんでお出かけになるので、大宮（＝男君の亡くなった母）が生きていらっしゃったら、どれほど誇らしく思われお喜びになるだろうと、殿（＝男君の父である関白）はまず思い出し申し上げなさる。

◉表示のある活用形
・接続助詞「ば」の接続する未然形・已然形。
・係助詞の結びの連体形・已然形、疑問の副詞と呼応する連体形。
・下に体言を補って解釈するとよい連体形。（体と表示。）

あらすじを確認しよう！ 解答

1 男君（＝中納言）は ①宮 の美しさで木幡の姫君への思いを冷ましたいと思っている。

2 神無月十日過ぎに男君は ②三条院 へ行き、③殿 は亡き ④大宮 が生きていたら誇らしく思っただろうと思った。

3 男君は、宮のすぐれた様を見るにつけても木幡の姫君が思われて、その将来の結婚相手まで想像してしまうことを ⑤うたて と思った。

4 翌早朝、男君は院を出てすぐ手紙を贈った。宮からは並々でない ⑥御手 の返事があった。

5 男君が三日通ったのち宮が関白邸へやってきた。落ち着いて見ると、宮は実に美しく、⑦木幡の里 の人に匹敵すると男君は満足した。

3 院には、待ち取らせ給ふ御心づかひなのめならず。宮（＝女二の宮）の御さまを、いつしかゆかしう思ひ聞こえ給ふに、御殿油、火ほのかにて、御几帳の内におはします火影は、まづけしうはあらじはやと見えて、御髪のかかりたるほど、めでたく見ゆ。まして、近き御けはひの、推し量りつるに違はず、らうたげにおほどかなる御さまを、心落ちゐて、思ひの外に近づき寄りたりし道の迷ひにも、よそへぬべき心地する人ざまにおはしますにも、まづ思ひ出でられて、いかなる方にかと、人の結ばむことさへ思ひつづけらるるぞ、我ながらうたてと思ひ知らるる。

三条院では、（男君を）待ち受けてお迎えになるお心遣いは並々ではない。（男君は）女二の宮のご容姿を、早く見たいと思い申し上げなさるが、御灯火が、火が弱くて、御几帳の中にいらっしゃる（女二の宮の）灯火で見える姿は、まず悪くはないだろうと見えて、御髪のかかっている具合などが、すばらしく見える。まして、近くでのご様子は、想像していたのに相違せず、かわいらしくおおらかなご様子を、安心して、思いがけなく思いを寄せるようになっていた木幡の姫君にも、なぞらえてしまいそうな人の様子でいらっしゃるのにつけても、まず自然と（木幡の姫君が）思い出されて、どのような方面に縁づいて結婚するのだろうかと、誰かが（姫君と）契りを結ぶようなことまで思いつづけてしまうのが、我ながら情けないと身にしみてお思いになる。

4 明けぬれば、いと疾く出で給ひて、やがて御文奉り給ふ。

夜が明けてしまうと、（男君は）とても早く（三条院を）お出になって、すぐに（女二の宮に）お手紙を差し上げなさる。

「今朝はなほしをれぞまさる女郎花いかに置きける露の名残ぞ
いつも時雨は」

「今朝はいっそう女郎花がしおれるように私はひどく涙を流してしょんぼりしています。どのように露が置いた（＝起きてあなたと別れた）名残なのでしょうか。十月は時雨が降るものですが」

とあり。御返しそそのかし申させ給へば、いとつつましげに、ほのかにて、

と書いてある。お返事をうながし申し上げなさると、（女二の宮は）たいへん恥ずかしそうに、うっすらとした墨色で、

「今朝のみやわきて時雨れむ女郎花霜がれわたる野辺のならひを」

「時雨が降るように、あなたが涙を流したのは今朝だけではないでしょう（他の女性たちとの別れの朝にも泣いたことでしょう）。野原は一面に霜枯れるものですが、同様に女の身の私は（あなたとの別れに）思い沈んでいます」

とて、うち置かせ給へるを、包みて出だしつ。御使ひは女の装束、細長など、例のことなり。御手などさへ、なべてならずをかしげに書きなし給へれば、待ち見給ふも、よろづに思ふやうなりと思すべし。

と書いて、置きなさったものを、（お付きの女房が）包んで出した。ご使者には女物の装束、細長など（が与えられたのは）、慣例どおりのことだ。（女二の宮は）ご筆跡などまで、並一通りでなく趣のある感じに書きなさっているので、（男君が）待ってご覧になっても、万事期待どおりとお思いになるにちがいない。

辞書を引こう！ 解答

かたち（顔立ち・容貌）
飽く（満足する）
例の（いつものように）
よろづ（すべてにつけて）
心おごり（得意になること）
おろかなり（いい加減だ）
こちたし（おおげさだ）
なまめかし（優雅だ）
かたほなり（不十分だ）
おぼろけなり（並一通りだ）
あまた（たくさん）
なのめなり（普通だ）
めでたし（すばらしい）
らうたげなり（かわいらしい）
やがて（すぐに）
そそのかす（勧める）
なべてなり（並一通りだ）
なつかしげなり（慕わしい様子だ）

5 かくて三日過ぐして、殿へ入らせ〔尊敬〕給ふ〔尊・補〕儀式、殊なり。寝殿の渡殿かけて、御しつらひあり。
このようにして三日を過ごして、男君の父の関白の屋敷へ(女二の宮が)お入りになる儀式は、格別である。寝殿の渡殿にかけて、御装飾がある。

女房二十人、童四人、下仕へなど、見どころ多くいみじ〔十二〕。女宮〔=女二の宮〕の御さま、のどかに見奉り〔謙・補〕給ふ〔尊・補〕に、いみじう盛りに調ひて、思ひなしも気高く、らうらうじきもののなつかしげに、おくれたるところなくうつくしき人〔=女二の宮〕のさまにて、
女房二十人、女の童(めのわらわ)四人、雑用係の女など、見るべき所が多くすばらしい。女二の宮のご様子は、落ち着いて拝見なさると、まさに女盛りで完成しており、思いこみとしても気品があり、洗練されているのに慕わしい様子で、劣ったところがなくかわいらしい人柄で、

御髪は袿の裾にひとしくて、影見ゆばかりきらめきかかりたるほどなど、限りなし。人知れず心にかかる木幡の里〔=木幡の姫君〕にも並び給ふ〔尊・補〕べしと見ゆるに、御心落ちゐて、いとかひありと思し〔「思ふ」尊〕たり。
御髪は袿(うちき)の裾と同じ丈で、姿が映って見えるほどに輝いてかかっている様子などは、この上なくすばらしい。ひそかに心にかかっている木幡の姫君にも匹敵なさるだろうと思われるので、(男君は)お心が落ち着いて、実にはりあいのあることだとお思いになった。

【学習プリント】(『伊勢物語』)

むかし、男、妹のいとをかしげなりけるを見をりて、
昔、男が、妹がとてもかわいらしい様子であったのを見ていて、

Ⅰ うら若〔形「うら若し」語幹〕み〔接尾・原因〕ねよげに見ゆる若草を人の結ばむ〔仮定・婉曲〕ことをしぞ〔強意(↓)〕思ふ〔ハ四・体(↑)〕
若くみずみずしいので、引き結んで草枕にすれば、いかにも寝心地が良さそうな若草(=かわいらしいあなた)を、人が結ぶようなこと(=誰かが契りを結んで妻とすること)を思います。

と聞こえけり。返し、
と申し上げた。(妹の)返歌は、

Ⅱ 初草のなどめづらしき言の葉ぞうらなくものを思ひけるかな〔詠嘆〕
(私に思いを掛けていらっしゃるとは)どうしてめったにないお言葉でしょう。何の気遣いもなくものを思っておりましたよ。